不屈と誇り
三池炭鉱労働者

真鍋禎男
Manabe Sadao

まえがき

一篇の詩がある。

やがてくる日に
歴史が正しく書かれるやがてくる日に
私たちは正しい道を進んだといわれよう
私たちは正しく生きたといわれよう

私たちの肩は労働でよじれ
指は貧乏で節くれだっていたが
そのまなざしは
まっすぐで美しかったといわれよう
まっすぐに
美しい未来をゆるぎなく
みつめていたといわれよう

はたらくもののその未来のために
正しく生きたといわれよう

日本のはたらく者が怒りにもえ
たくさんの血が
三池に流されたといわれよう

この詩は「同志久保清君に捧ぐ」と添え書きされ、久保さんの慰霊碑の傍の、平たい大理石に刻まれている。三池炭鉱労働組合（三池労組）が建立した。

久保清さんは三池闘争さ中の一九六〇（昭和三五）年三月二九日に、三池炭鉱の四山鉱正門前でピケを張っているとき暴力団員に襲われ、刺殺された。壮絶な労働争議だった。争議中に第二組合が結成され、そのうえ中央労働委員会が過酷な斡旋案で追い討ちをかけ、三池労組は屈辱の幕引きをした。

争議後に会社は第二組合とストライキ権放棄の平和協定を結び、生産優先、保安無視、三池労組敵視の経営路線を突き進んだ。必然の結果として六三（昭和三八）年に、炭塵爆発による戦後最大の炭鉱災害を引き起こす。死者四五八人、一酸化炭素ガス中毒患者八三九人という、おびただしい犠牲者を出した。しかもどん底生活にあえぐ遺族と患者家族を、平然と冷遇し続けた。あげくに政府の石炭政策終了に伴い、九七（平成九）年に全員解雇で三池炭鉱を閉山した。

故久保清君殉難乃碑（中央）と三池炭鉱災害犠牲者の碑（奥）ならびに詩碑の一部（右下）（荒尾市下井手、有明成田山大勝寺　2010年）

会社と第二組合が壊滅を図ろうとした三池労組は差別と弾圧に屈することなく、労働組合の使命を守り抜いた。組合員は貧しさに耐え、誇りを失わず、ひたむきに生きた。そして二〇〇五（平成一七）年に、三池労組は解散した。

三池の労働者と妻たちの、不屈の信念を本書に綴る。

不屈と誇り　三池炭鉱労働者＊目次

1 隷従の民

1　鉄鎖の囚人

三池炭山創業碑

福岡県大牟田市――県域の南端に位置し、熊本県の荒尾市と接する。JR博多駅から鹿児島本線の特急電車でおよそ五〇分、西鉄天神大牟田線の西鉄福岡からおよそ一時間の距離にある。

かつて大牟田には、「三池炭鉱」を通称とする三井鉱山株式会社三池鉱業所が存在した。三池炭鉱は炭質と埋蔵量において、「日本一の優良炭鉱」だった。

その来歴を記す「三池炭山創業碑」がJR大牟田駅から徒歩一〇分の笹林公園に、見上げるほど高く威風堂々と建っている。碑文がこう語る。

三池炭山は文明元年（引用注・一四六九年）の發見に係り三池柳河両藩にて稲荷山平野山生山を開坑經營す明治六年（引用注・一八七三年）工部省の管理に屬し鑛山寮支廳を下里村に置き同年大浦坑を開く九年石炭販賣を三井物産會社に委託し口ノ津港を經て海外輸出を始む十五年七浦坑成る是より先各坑内には福岡熊本佐賀及長崎縣の囚徒を使役せしが十六年三池集治監を置かるゝに及び専ら其囚徒を用ふ十九年大蔵省の經營に屬し事業の面目茲に一新せり二十年宮浦坑を開く二十二年三井家の有に歸す當時の出炭額一ヶ年三十三萬噸なり

大正五年七月

つまり、「三池炭鉱は官営の時代から囚人使役と石炭輸出で栄え、民間の三井へ払い下げられた」。

碑の裏面には「三池炭山創業當事者」として、工部省の役人で囚人使役の定着と拡大に努めた「三池鉱山局事務長　小林秀知」、三池炭の輸出を手掛けた「三井物産會社社長　益田孝」、三井への払い下げ時の「大蔵大臣伯爵　松方正義」の名が刻まれている。さらに台座の「発起者」には、「団琢磨」ら二三人の名前がある。団は、三池炭鉱の民営移行に伴い三池鉱山局の技師から三池炭鉱社の事務長に転身した。それらの主要人物のもとで三池炭鉱の特異な歴史の基礎が築かれたと、碑が語る。

三池炭山創業碑（大牟田市笹林公園　1980年）

　文中の「三池集治監」は三池刑務所の古い呼び名で、笹林公園の南東およそ一キロメートルの地にあった。今は福岡県立三池工業高校の、校舎とグラウンドになっている。とはいえ人の背丈の三倍もあるレンガ造りの高い塀は集治監当時のままで、囚人たちはここで起居し、過酷な炭鉱労働に従事させられた。

囚徒墓（大牟田市一浦町　1980年）

囚徒墓

笹林公園から三池集治監跡へ向かう途中の一浦町に、囚人使役を今に伝える一画がある。「囚徒墓」と呼ばれ、真っ黒な角柱が四七基、地面に直接埋め込まれている。角柱は幅も奥行も尺貫法の四寸五分に相当するおよそ一三㌢で、高さは四〇㌢くらいのものから埋もれてしまいそうなものまで、まちまちだ。永年の風雪に耐えてきた角柱は角が欠け、思い思いの方向に傾いていた。それらはほぼ等間隔に並んでいるものの、間隔が広い個所もあり、埋もれてしまったのか引き抜かれたのか、昔はもっと数が多かったと想像つく。

墓石でありながら角柱には戒名も俗名もなく、没年も記されていない。囚人番号あるいは遺体番号とおぼしい「四号」「卌一号」「五十号」「六十二号」などの数字が、寒気のするほど鋭く尖った筆致で刻まれている。死後にもつきまとう番号は、人間として正当に扱われなかった証となる。それでも等間隔に一体ずつ埋葬されたことが救いとなり、囚人たちはささやかながら安らかな眠りを得たに違いない。

一方で、もっと冷酷な扱いを受けた囚人の墓が新勝立町にある。その昔、新勝立町には一丁目から四丁目にかけて三井鉱山の社宅が棟を並べていた。一丁目の、大砂社宅の建設にまつわる次のような体験談が記録されている。

たしか私が大牟田に住みついたのは、大正九年（引用注・一九二〇年）じゃったように思うが、その翌る年のことじゃった。「解脱塔」があろうがの。あのすぐ下一面に社宅を建てるというので、その頃請負の仕事に働いていた私どもが寄ってたかって、山を切り拓くことになったとたんも。

ところがあんた、そこからここからぞくぞく骸骨が出てきたじゃなっかん。なかには、頭蓋骨が奇麗かまま出てきよった。そげな白骨が、口にすれば、ひと山もふた山も積み上げられる。（中略）

その頃、セメントは今のごつ袋詰のものはなく、まだ木でこしらえた樽にはいって売られよったが、その空樽だけ買えばたった二十銭ですんでいた。

集治監は、収監中の囚人が死ねばその二十銭のセメントの空樽を買ってきて、死んだ囚人をその中に入れて、囚人墓地じゃったここへ運んできては、次つぎに埋めよったらしかたんも。（中略）

解脱塔（大牟田市新勝立町　1980年）

とにかくあんた死んでいった囚人の死体が、そこにどれだけ埋められたもんかわからんが、私どもが山拓きにかかったときに出てきた白骨は、それはそれは恐ろしい数じゃったばんも。

そこで何とかせんなら、ということになって、三井鉱山の方にかけ合ってもらい、あの深井戸を掘って、そのなかにがらがら出てきた白骨を投げ入れた。私もその仕事をやった人間の一人たんも。（福岡大学研究所報第三九号収録　本吉敬治、小崎文人「三池炭鉱の囚人労働—地底に埋もれた一つの歴史」）

文中の「解脱塔」は新勝立町一丁目の、背後の丘にある。埋葬した囚人たちの霊を弔うため、一八八八（明治二一）年に三池集治監の吏員一同によって建てられた。大正時代になって右の体験談にもとづく深井戸が解脱塔の脇に掘られ、遺骨をまとめて収容した。コンクリート製の円形の蓋が深井戸の存在を伝えている。

このような埋葬地を現在に残す囚人使役は三池炭山創業碑が語るように、明治維新後の新政府による官営がきっかけとなった。

官営開始と囚人の投入

大浦坑の坑口（大牟田市大浦町　1980年）

一八七三（明治六）年九月五日、新政府は殖産興業の一環として、旧柳河藩と旧三池藩の開坑による三池炭鉱を接収し、官営を始めた。工部省配下の鉱山寮三池支庁が監督機関となり、生産の実務を三潴《みずま》県（のち福岡県と長崎県に分割）が担う。大浦、小浦、生山、龍湖瀬、長谷など一一坑を数え、およそ一二〇〇人の労働者が採炭や運搬に従事していた。
切羽《きりは》（採炭現場）では、先山《さきやま》と呼ばれる男が鶴嘴《つるはし》などで石炭を掘った。掘り出した石炭を後山《あとやま》と呼ばれる女が二つのセナ（竹製の籠）に盛り、セナ棒（天秤棒）の前と後にぶら下げて重みを前かがみの背中全体で受け、坑道まで運び、炭函に移し替えた。高さのない切羽では先山がしゃがみ、あるいは横向きに寝て、鶴嘴を小刻みに振った。その石炭を後山がスラ（竹製の籠）に入れ、スラの紐を肩に掛け、両手と両足に力を込め、這いながらスラを引きずって運び出した。炭函一杯で賃金の額が決まり、炭函を満たすには何往復もしなければならなかった。

炭函は運搬役の労働者が押して坑外に運び出し、その石炭を大勢の労働者が天秤棒で担ぎ、大牟田川の河口まで運んだ。そこから小船で長崎へ送り、外国船の燃料になる。

地下を掘り進む坑内は高温多湿のうえ、落盤などによる死亡や大怪我の危険性が高い。しかも低賃金のため、炭鉱労働者のなり手が限られていた。坑外の石炭運搬も、長い距離を往復する重労働が嫌われた。

三潴県は労働力確保の方策として、囚人に目をつけた。人集めの苦労がなく、一般労働者よりもさらに低賃金で使役できる。さっそく同県の監獄に収監している囚人の中から五〇人を選び、坑外の石炭運搬で試用してみることにした。朱色の獄衣を着せ、足と手に鉄の環をはめ、その環を鎖で前後の者と数珠つなぎにし、天秤棒を担がせ、龍湖瀬坑から大牟田川の河口までおよそ四キロの道のりを運ばせる。

こうして官営開始の当初から、三池炭鉱で囚人使役が始まった。監獄における服役と炭鉱の重労働で、囚人たちは二重の懲罰を受ける。囚人の人権は考慮されなかった。

鉱山寮三池支庁は囚人の増員をもくろみ、近隣の各県に派遣を要請した。福岡県が応じ、官営開始二年後の七五（明治八）年に三池懲役場を設け、五〇人を送り込んだ。そして長谷坑で採炭を科した。最も重要で、最も危険な労働を囚人が担う。次の年に熊本県も五〇人を派遣し、大浦坑の採炭に従事させた。三池における囚人の合計が一五〇人になった。

三井物産の設立と石炭輸出

熊本県が囚人の派遣を開始した年、一八七六（明治九）年の七月一日に、資本金二〇〇万円の三井銀行が日本で最初の私立銀行として開業した。三井組（財閥）の勢いを示す。さらに同じ七月の二九日には、益田孝を社長とする三井物産会社が設立された。

さっそく工部卿（長官）の伊藤博文は、官営三池炭鉱の石炭輸出販売を三井物産に任せ、利益を国と三井物産とで折半し、国庫収入を増やしたいと考えた。その意向を受け、益田は視察のため三池を訪れた。湯屋に投宿して七輪を借り、二階の部屋で石炭を焚き、燃焼力を確認し、納得した。

しかし大牟田には、輸出に適す港がなかった。大牟田川の河口は遠浅で、輸出用の大型船が近寄れない。そのため益田は島原の各地を視察し、口之津《くちのつ》を輸出の積み出し港に決めた。大牟田川の河口から小舟で口之津に集積する。

工部卿の伊藤は配下の鉱山寮三池支庁に対し、三井物産への石炭卸売価格についてこう指示した。「一圓五〇銭（引用注・一トン当たり）で賣ってやれ、何でも安く賣ってやるがよい、さうすれば利益が多いから勉強する」（長井実編『自序益田孝翁伝』中央公論社発行）。一円五〇銭という値

馬による坑内の炭函運搬（三池労組提供）

段は、白米三〇キログラムに相当した。七八（明治一一）年四月、三井物産の石炭輸出が始まった。帆船の千早丸（七六〇トン）が長崎で通関手続きを経て、上海《シャンハイ》へと向かう。

三池集治監の建設

輸出開始の年、一八七八（明治一一）年の二月に三池炭鉱で、主力の大浦坑と大牟田川河口の石炭集積場とを結ぶ馬車鉄道が完成した。天秤棒による人力での石炭運搬が姿を消す。馬力は坑内でも活用し、六月から炭函の移動に馬を使うようになった。炭函の坑外への搬出も従来の人力に代え、蒸気力利用の曳揚機が一一月に稼働を始めた。

労働力の増強は囚人でまかない、輸出開始の三年後に囚人総数が福岡県、長崎県、熊本県の八三〇人になった。一般労働者を含む総数およそ二〇〇〇人の、四割強を占める。全員が大浦坑で採炭に従事させられた。

その翌年の八二（明治一五）年六月に、新たに七浦坑が開坑した。労働力の大量投入が必要になる。さらに将来を見越し、三池鉱山分局（旧・鉱山寮三池支庁）長の小林秀知は三池集治監の建設を工部省に上申した。「中国、四国、九州各県ノ囚徒二千人許リヲ駆テ之ヲ使役セハ其益大ナル」との構想のもとに、八月七日に裁可された。産業政策の一環として監獄を建設するという、目的混同の行政がまかり通った。

さっそく三池集治監の建設が始まり、翌八三（明治一六）年四月一四日に開所した。「二千人許リ」の予定のうち第一期工事は五〇〇人規模とし、全国の監獄から終身刑の四五八人が集められた。七浦坑で採炭を科す。

民営移行

官営のもとで一五年が経ち、一八八八（明治二一）年に三池炭鉱が民間へ払い下げられることになった。すでに長崎県の高島炭鉱が官営開始の一一カ月後、七四（明治七）年一二月に早くも民営化されていた。高島炭鉱は八一（明治一四）年に、経営権が三菱の手に渡った。

八八（明治二一）年四月二一日、大蔵省は三池炭鉱の払い下げ規則を告示した。価格を四〇〇万円以上とし、一〇日以内に証拠金二〇万円を、年内に八〇万円を納入、残金を二八分割し年二回ずつ納付する。四〇〇万円という金額は、三井銀行の資本金の二倍に相当した。「世人は一驚を喫して目を瞠った」と、『男爵団琢磨傳』（故団男爵伝記編集委員会発行）が記す。その前年、三池炭鉱は売上高五八万円、利益一六万円を計上していた。

破格の応札条件ながら貿易事業を継続するため三井物産は、三池炭鉱をぜひとも必要とした。社長の益田孝が三井銀行を説得し、証拠金一〇〇万円の調達を約束させ、落札に向けて万全の態勢を整えた。そして八月一日の入札で、四五五万五〇〇〇円の三井組名義人・佐々木八郎の手に落ちた。次点との差がわずか二三〇〇円という、薄氷を踏む落札だった。

益田はのちにこう述べた。「三池の石炭販賣は、利益はたいしたものではなかつたが、其れよりも發展である。物產會社も三池の石炭を輸出したので海外に手が延びたのである。鑛山會社も三池が元である。之れを大きく考へると、三井全體の發展も三池から起つて居ると云ふてよい。物產會社もなく、鑛山會社もなく、銀行だけでは、三井は今日のように發展はして居るまい」（前掲『自序益田孝翁伝』）。

三井財閥形成の要になる三池炭鉱は、八九（明治二二）年一月一日に官営を離れ、三井組の経営に移行した。そして一月四日に、三池炭鉱社が設立された。事務長に就任した団琢磨は、のちに三井財閥の総帥になる。

囚人使役の打算

民営移行に伴い、三池集治監の囚人一四六三人、福岡県監獄三池懲役場の囚人四六〇人、熊本県監獄三池出張所の囚人二二一人、計二一四四人の労務管理が三池炭鉱社に引き継がれた。

その一〇カ月後、一八八九（明治二二）年一一月に、福岡県の囚人全員が三池炭鉱から引き揚げた。県議会で囚人の死亡率が問題になり、知事が派遣中止を決めたことによる。

当時の坑内はまだ照明用の電灯がなく、火皿の灯火を用いていた。その灯火が坑内に何百とあるため、空気の流れが乏しい坑内に煤煙が漂った。しかも切羽では採炭に伴って炭塵（石炭の粉）が舞い、煤煙と炭塵が囚人の健康を害した。馬の糞尿も空気を汚し、悪臭が鼻をついた。そのような作業環境で囚人は一二時間働かされ、粗食しか与えられず、そのうえ採炭した炭函の検査で石などの混入が見つかると懲罰として「減食一日」、あるいは「減食三日」に処せられた。囚人の死亡率が高くなる。しかし配慮されることはなかった。三池集治監では開所からわずか五年で、早くも前記の解脱塔建立となる。

福岡県の派遣中止に伴い、その穴埋めとして三池炭鉱社は、熊本県と囚人増員の協定を結んだ。「向こう七年間にわたり三〇〇人ないし四〇〇人を派遣する」。そして熊本県囚人の労働現場を大浦坑から新設の宮浦坑に変えた。

一方で三池集治監においても収容規模の拡大が続き、開所時の獄舎一棟が民営開始四年後の九三（明治二六）年で八棟になった。

さらに囚人の増員をもくろみ、九四（明治二七）年一二月に団琢磨は熊本県監獄三池出張所の獄舎増設を社長に上申した。上申書で団は、一般労働者の賃金を一函につき六銭九厘、囚人を半額の三銭四厘二糸五毛にすれば、宮浦坑で年間六六一九円四銭五厘の利益を上積みできると試算し、「囚徒増員は鉱業上経済上共に得策」と熱く説いた。

翌年、熊本県監獄三池出張所の増設獄舎が完成した。そして熊本県との契約更新で、「向こう一〇年間にわたり囚人四〇〇人以上六〇〇人までを採炭に従事させる」と取り決めた。

次の年の九六（明治二九）年九月には三池集治監が獄舎二棟の勝立出張所を開設し、囚人三〇〇人を勝立坑に投入した。囚人使役の全盛期となる。

2　納屋生活の労働者

納屋制度

民営移行の二年前、官営時代の一八八七（明治二〇）年に、三池炭鉱でダイナマイトの使用が始まった。採炭効率が格段に高くなる。

しかし囚人が働いている現場へのダイナマイトの持ち込みは、暴動を誘発する危険性があった。ダイナマイトはもとより、排水ポンプなどの機械さえも囚人に壊され、操業に支障を生じた。囚人の恨みは深い。生産拡大のため囚人を増やすかたわら、一般労働者の増員と定着も必要になった。

一般労働者の募集と労務管理に関しては、すでに官営時代から納屋制度が存在していた。納屋頭が九州一円はもとより遠く関西などから労働者を駆り集め、長屋に住まわせた。食糧や布団、工具などを貸与し、炭鉱で働かせる。

会社から労働者に支払われる賃金は納屋頭が一括受領し、一割程度をピンはねして自分の懐に入れた。さらに貸与品の代金や売勘場（売店）のつけを差し引き、残りがあれば労働者に渡す。不足すれば納屋頭に対する借金となり、累積していった。労働者は納屋頭に全面的な服従を強いられ、退職の自由がなく、逃亡すると徹底的に捜索され、見つかると半殺しにされた。

このような納屋制度は三池に限らず、筑豊（福岡県中部）の各炭鉱や長崎の高島炭鉱にも存在した。とりわけ高島炭鉱は暴力による管理が悲惨を極め、八八（明治二一）年に雑誌で報じられ社会問題になった。

労働者の募集と定着

高島炭鉱の報道から二年後の一八九〇（明治二三）年、民営移行の翌年にあたるこの年に三池では、会社が納屋制度に対する社会の批判を考慮し、一般労働者の直接雇用制度を設けて納屋制度と併用することにした。直接雇用には退職の自由があり、賃金のピンはねがなく、暴力による管理もない。納屋頭の一部の者を職員に登用して「世話人」と呼び、長屋の労働者の出勤を督励させた。

しかし直接雇用制度を導入したものの、重労働、低賃金、高い災害死亡率などが災いし、募集の苦労が続いた。一九〇〇（明治三三）年九月一九日付の会社内部文書には、「世慣レタル者ハ皆逃走ヲ企て甚ダシキニ至リテハ今夕来リテ明朝ハ既ニ逃走シタル者モ多々有之」と書かれていた。一晩で逃げられるほど、炭鉱労働や納屋生活は不評だった。

そのため会社は、「土百姓ニシテ世ニ慣レザル者」を募集対象にした。農村が窮乏化を強めていた時期でもあった。「肥後地方ヲ募集ノ根拠地トシ、郡長、村長ノ助ケヲ求メ」、地縁や血縁による連帯意識の強さに頼りながら定着を図った。その結果、労働者の総数が民営開始直後の三一〇〇人から八年後の一八九七（明治三〇）年に五〇〇〇人台、一五年後の一九〇四（明治三七）年に七〇〇〇人台へと増えていった。夫婦、兄と妹、あるいは身内で、先山と後山を組んだ。

囚人比率の減少

一般労働者の増加と定着に並行して、会社は機械化を積極的に進めた。生産性を優先し、囚人使役による低賃金維持方針をやむなく断念する。熊本県囚人の宮浦坑が一八九九（明治三二）年三月、三池集治監囚人の勝立坑が一九〇一（明治三四）年九月、同じく三池集治監囚人の七浦坑が〇二（明治三五）年一月に、囚人使役を終えた。

とはいえ低賃金による収益確保に未練を残し、唯一、宮原坑で三池集治監囚人の使役をさらに続けた。

3　島の移住者

ヤンチョイ

三井物産が石炭の輸出を始めた年、一八七八（明治一一）年の一一月に、千早丸が三回目の出港をすることになった。その石炭を積み込むにあたり三井物産は、口之津の南彦七郎と労務請負契約を結んだ。口之津の石炭荷役には、大牟田川の河口から船で運ばれてくる石炭を陸揚げして貯炭する作業と、その石炭を船で沖の輸出本船に運び積み込む作業とがあった。それらの請負元締が南彦七郎で、配下の小頭らが労働者を集めた。

本船への積み込み作業を「ヤンチョイ」と言った。見上げるほど高い舷側に階段のような棚を架け、何段もある棚に女たちが下から上へ何列にも並ぶ。団平船の男たちがカガリ（藁で編んだ籠）に石炭をかき入れ、それを女が二人一組で受け、上へ上へと手送りし、本船の甲板で四斗樽に入れた。カガリ八杯で樽が一杯になり、樽二〇杯の石炭を一トンとみなした。何十トン、あるいは何百トンもの積み込みは時間との勝負で、手送りの調子が狂うとカガリを受け取り損ない、落として下の者が怪我をする。「ヤンチョイ、サラサラ、ヤンチョイ、サラサラ」と声を掛け合いながら、懸命に働いた。

低賃金のうえに三井物産と南彦七郎の契約には、「諸物価が下がった場合は賃銭を下げる。諸物価が上がっても賃銭は据え置き」との一文もあった。ヤンチョイの労働者が泣かされることになる。

石炭荷役の繁忙と労働者不足

石炭の輸出は最初の年が一万トン、二年後に七万トン、八年後に一八万トン、二〇年後の一八九八

（明治三一）年に四二万トンを記録した。この伸びが石炭荷役の人手不足を招き、慢性的な重労働となって労働者を苦しめた。しかも賃金は据え置きのままだった。不満が高じて口之津の労働者たちは何度も集団で仕事を放棄し、怒りを爆発させた。

人手不足と不満爆発の解決策として三井物産は、より従順な労働者を大量募集することにした。そして、鹿児島県の甑《こしき》島に目をつけた。

一方でこの九八（明治三一）年八月に、奄美諸島が猛烈な台風に襲われた。とりわけ与論島と沖永良部島が壊滅的な被害を受け、乏しい農作物さえも全滅して島民たちは飢えに苦しんだ。台風は定期便のように毎年襲来し、与論島では学校を建てるたびに壊されて人々の疲弊感が濃く、島の将来に明るい展望を描くことができなかった。

奄美大島の島司の福山宏は鹿児島県知事に窮状を訴え、救援を要請するため一〇月のある日、県庁を訪れた。そして偶然に、甑島からの求人で知事の承諾を受けに来ていた三井物産口之津支店長の浅野長七と知事室で出会った。

浅野は甑島に加え、与論島と沖永良部島からも労働者を募集することにした。福山は朗報を携えて両島へ渡り、島の有力者らに口之津への移住を説得して回った。

口之津移住者の苦難

一八九九（明治三二）年二月、島民たちの口之津移住が始まった。『口之津町史　郷土の歩み』（口之津町発行）がこう記す。「南彦七郎　鹿児島県与論島（二四〇名）、徳ノ島、沖永良部、及び

甑島の移住者が住んでいた長屋（長崎県南高来郡口之津町　1980年）

甑島より人夫四六〇名を招く。※与論島＝東元良、甑島＝上村荘之丞、小段関ヱ門が引率し来村し中橋及び焚場の長屋（与論長屋）に収容した」。

さらに翌年と翌々年にも集団移住が行なわれ、三回の合計でおよそ一〇〇〇人になる移住者のうち、与論島出身者が七四〇人で最多を占めた。

口之津に移住した島民たちには、長屋があてがわれた。内部中央の長手方向に幅一間（およそ一・八メートル）の土間の通路があり、通路に沿って両側に六畳一間の部屋が連なっていた。部屋の入口に戸はなく、畳もなく、板張りにゴザ敷きで、外壁は板を打ち付けただけだった。カンテラの明かりはほの暗かった。

甑島の引率者の小段関ヱ門は、「一〇年働けば一生暮らせると言われ、募集されて来た」と、わが子に何度も話して聞かせた。しかし一生暮らせるどころか、差別と酷使に泣かされた。

本船が口之津の沖に停泊すると、組（口）毎に伝馬船に飛び乗って一斉に沖へ漕ぎ出し、一番乗りを競い、ヤンチョイに取り掛かった。組は地元と移住者とに大別され、さらに細分化されて小段関ヱ門の組には「関口」の呼び名がついた。

ヤンチョイは船倉が満杯になるまで休みなく、夜を日に継いで行なわれた。大型外国船が停泊する沖は瀬戸になっていて、潮流が速い。揺れる棚板の上で疲労困憊の体を支え、ふかしたサツマイモと生味噌で空腹をしのぎながら、不眠不休で働いた。棚を踏み外して海に落ち、死んだ者もいる。

過酷な労働にもかかわらず、移住組は地元組よりも未熟だからと、賃金に差をつけられた。そのわずかな賃金から、三井物産が主食として配給する芋七分と外米三分の代金が天引きされ、さらに塩や味噌などの通帳買いを引かれると、手元にはほとんど残らなかった。

三池港の開港

移住から八年後、一九〇七（明治四〇）年に、石炭輸出量が過去最高の九二万トンを記録した。入港船の数も汽船二九四〇隻、和船三万一九〇〇隻のにぎわいとなった。

しかし口之津は翌〇八（明治四一）年に、「この年が口之津最後の繁栄の年」（前掲『口之津町史』）を余儀なくされた。三池で同年四月一日に、三池港が完成したことによる。最新設備を誇る三池港は、輸出のための大型船が接岸できた。従って、大牟田川の河口から口之津へ石炭を運んで本船に積み替えていた従来の手間と経費が省けることになった。

この三池港の築港は、九年前の測量調査で始まった。与論島などの島民たちが口之津に第一陣

与論島出身者の建立による三池移住50周年記念碑（大牟田市延命公園　1980年）

として移住した、わずか三カ月後だった。そうとは知らず「一〇年働けば一生暮らせる」と信じて口之津に第二の故郷を築こうと励んできた移住者たちは、その一〇年を目前に三池港が開港したことで、またも人生を翻弄される破目になった。

やむなく開港翌年の〇九（明治四二）年一月二二日に、家族を含む四二八人が三池港の港湾労働に従事するため、三池炭鉱を経営する三井合名会社（旧・三池炭鉱社）の誘いに応じて三池へ移った。三池にも差別が待っていた。

あとの六九六人のうち、七三人が口之津で船舶用燃料（石炭）のヤンチョイを続けることとなった。そして六二三人が、契約解除で故郷の島へ帰る決断をした。与論島出身者四九八人、種子島出身者六三人、沖永良部島出身者六二人、という内訳だった。

帰島者たちは三井物産が用意した爾霊山丸という船に乗り、退職金一〇円を握りしめ、一〇（明治四三）年二月二五日に口之津を離れた。一〇円という金額の価値は、島原地方の全町村役場職員の給与が月額二三円ないし八円、との記録に照らして想像がつく。

一方で元締の南彦七郎には、四五〇

〇円の慰労金が支給された。「慰労」は石炭荷役労働者を搾取してきたことに対する報償で、三二年間における三井物産の収益のほどは計り知れない。帰島する者たちを送り届けた爾霊山丸は、三池へ向かう帰りの航海中に名瀬沖で沈没した。

4 懐柔と差別の労務政策

労働運動の勃興

与論島出身者らが口之津を離れた翌年、一九一一（明治四四）年の一二月一六日に、これまで三池炭鉱を経営してきた三井合名会社鉱山部が改組になり、資本金二〇〇〇万円の三井鉱山株式会社（本社東京）が設立された。以後、不動の体制となる。

翌一二（明治四五）年七月三〇日、天皇の崩御で時代が大正に変わった。

そして二年後の一四（大正三）年七月二八日にヨーロッパで、第一次世界大戦が勃発した。その余波で日本経済は一五（大正四）年から一八（大正七）年にかけ、「大戦景気」に沸いた。同時にインフレも進行した。とりわけ米価の上昇が著しく、全国の各地で民衆が米屋を襲う、「米騒動」が起きた。三池では賃上げ要求となり、一八（大正七）年九月四日に万田坑でおよそ二〇〇〇人が蜂起し、暴動へと発展した。

一方でこの間に都市部の労働者は賃金引き上げや八時間労働制の要求を掲げ、組織的な闘いを試みるようになった。一五（大正四）年から一八（大正七）年にかけて全国で、六四件（参加者七九〇〇人）、一〇八件（八四〇〇人）、三九八件（五万七三〇〇人）、四一七件（六万六五〇〇人）と急増をたどる。

二〇（大正九）年五月二日の日曜日には東京で、第一回メーデーが開催された。およそ一万人の参加者が失業防止や最低賃金法の制定を要求し、労働歌「聞け万国の労働者」（大場勇作詞、長井建子作曲）を高らかに歌った。

共愛組合の設立

労働者の意気盛んな社会状況のもとで、三井鉱山は労働組合の結成を抑えるため、労使で構成する協議機関の設置をもくろんだ。「共愛組合」と名づけ、一九二〇（大正九）年三月に事業所単位で発足させた。明治時代に強制的な労務管理手段として運用してきた納屋制度はすでに廃止して久しく、労働者は全員が会社の直接雇用になっていた。

共愛組合は、会社指名の組合長、労使のそれぞれによる組合副長二人、その下に労使同数の相談役を複数人、さらにその下に従業員三〇人に一人の割合で物代を置いた。

物代会は、従業員の勤務態度、作業能率、災害防止、風紀、衛生、共済、各自の修養、子弟の教育などについて意見をまとめ、相談役会に改善を要望する。仕事ぶりはもとより、私生活さえも相互監視をさせた。しかも「意思の疎通を阻害する者」に対しては相談役会が「相当の措置を執ることを得」とし、従業員の反対意見や行動を抑圧できることになっていた。

抑圧は反発を招く。二四（大正一三）年六月三日、三池製作所の労働者が賃金と退職金の増額、共愛組合廃止などの要求を掲げ、無期限ストライキに突入した。各坑の鉱員たちも呼応し、三池の労働者が初めて体験する本格的な闘争になった。

身分差別の徹底

三池労働者の組織的な決起を踏まえ、会社は再発防止のため新たな労務政策を導入し、共愛組合と併用することにした。発案者の名を取って「深川労務政策」と呼んだ。職員と鉱員とに大きな身分格差を設け、職員を鉱員の羨望の的にすることで、圧倒的多数の鉱員の分断と孤立を図る。職員には部屋数が四間も五間もある社宅を貸与し、給料は鉱員のおよそ二倍、ボーナスも年四回支給した。

鉱員たちは、一日も早く職員に昇格できるように、歩合の良い仕事に就けるようにと、直属の職員に媚びへつらった。鉱員の妻は職員の社宅に日参してこまめに雑用をこなし、季節の変わり目には大掃除、寝具の入れ替え、障子の張り替えをした。盆と暮の進物も欠かせなかった。鉱員が差し出す清酒や砂糖などの進物は、職制末端の小頭補佐から小頭へ、さらに上司へと順送りされた。お金のない鉱員は、川でシジミ貝を掘って進物にした。

そのような鉱員同士の競合意識による分断に加え、会社は講演会で愛社精神を鼓舞し、慰安旅行で会社に対する感謝の気持ちを高めさせた。分断と精神教育で労働者は、団結の機会を失っていく。

世間では「大正デモクラシー」のもとで、労働運動はもとより婦人運動、部落解放運動、農民運動のそれぞれが社会の変革を目指し、活気に満ちていた。社会主義の思想が広がり、雑誌の『改造』や『中央公論』、あるいは『無産者新聞』などが読まれた。しかし三井鉱山は、それらを「危険思想」と決めつけた。

政府も一九二五（大正一四）年二月一九日に治安維持法を国会に上程し、三月一九日に成立させた。「国体を変革し、または私有財産制度を否認することを目的として結社を組織し、または情を知りてこれに加入したる者は一〇年以下の禁錮に処す」。

最高刑一〇年は、三年後の二八（昭和三）年に死刑へ引き上げられた。思想と言論を統制し弾圧することで、世相が暗くなっていく。

女子坑内労働と囚人使役の廃止

治安維持法制定の翌年、一九二六（大正一五）年の一二月二五日に、天皇の崩御で元号が昭和になった。

そして二年後の二八（昭和三）年九月一日に、女子と年少者の坑内労働を禁止する法律が公布された。それを受けて三池では、三〇（昭和五）年五月に女子の坑内労働を終了した。

一方で宮原坑の囚人使役もこの年の一二月に廃止し、三池炭鉱における囚人の、五七年間の歴史に終止符を打った。機械化が進む現場から隔離され、人力の発揮のみを存在価値とする囚人は、生産能率向上の邪魔になる。使い捨ての典型にされた。最後は九九人の囚人が働いていた。

宮原坑は三池集治監の南に位置し、歩いて三〇分の距離にあった。鉄の鎖で数珠つなぎにされた囚人たちの足だと、どのくらいの時間を要しただろうか。三二年間、鎖の歩みが続いた。

朝夕二回、宮ノ原坑と集治監との間を往復するのを見たものです。手は手、足は足と、鉄の鎖で繋がれた数十人が一組になり、ぞろぞろと長い列でした。区切りに看守がいます。道路の辻々に拳銃をもった看守が警戒して、逃亡を防いだものです。一般の通行は禁止されました。

赤い囚人服。編笠の下から、青ざめた顔がのぞかれました。ちゃりん、ちゃりんと、金属音が遠くまで響きました。

真っ暗い地底で駆使され、疲れ切った肉体は獄舎に帰ります。罪の償いとはいいながらも可愛そうで正視することはできませんでした。だれとなく、宮ノ原坑を〝修羅坑〟（白子）といったものです。（前掲『三池炭鉱の囚人労働』）

「修羅」の形容が、囚人使役のむごさを象徴する。発音がなまって「しらこ」とも呼んだ。宮原坑のポンプ座係員による、次の体験談も同誌にある。

あの真っ暗な〝しらこ〟の坑底に、彼らの村落とでもいうべき、一つの見ごとな共同体社

大正時代の採炭現場（三池労組提供）

囚人用の足環を再利用した錠前（宮原坑ポンプ場　三池労組提供）

宮原坑の第二竪坑やぐら（大牟田市宮原町　1980年）

会ができとったのですな。まず、採炭切羽までゆく途中の坑道の両側には、ずらーっと彼らの家が並んどりました。炭壁を思い思いに刳り抜いて、坑木や枕木などを使って、自分自分の家を造ったわけです。

特に夫婦者は必ず二人で一軒の家をもっとったですが、玄関にはちゃんと名札まで掲げていました。

いつとは知れず仲よくなった囚徒から誘われて、一歩なかに足を踏み入れたとたん、自分の目を疑ったですよ。煙草、砂糖、濁酒、卵、菓子など、どげんして持ちこんだものか、その家のなかには、地上の一般社会にあるもので、無いものはなかったです。

彼らはまた自分たちの村落の一番奥に、自分たちだけの氏神として、俗にいう山ン神さんまで祀っていたですよ。御神体が何じゃったかわからんじゃったですが、ちゃんとした社があり、鳥居も建っておりました。囚徒たちは山ン神さんをよっぽど大事にしとったのでしょう。社や鳥居なんか、あの真っ暗な炭鉱の坑底でさえピカピカ光って見ゆるほど、見ごとに磨きあげられていたもんでした。

囚人たちがいかに人間らしさを欲していたか、言外に伝わってくる。

三池炭鉱への囚人派遣を目的にしてきた三池集治監は、宮原坑における囚人使役の廃止でその役割を終え、翌三一（昭和六）年に閉鎖された。

5　戦時下の悲惨

日中戦争への道

三池炭鉱で女子の坑内労働と囚人使役が廃止になった年、一九三〇（昭和五）年の日本経済は、前年に起きたニューヨーク株式市場の大暴落が世界恐慌へと発展し、日本経済が巻き込まれたことによる「昭和恐慌」の窮状と混迷のただ中にあった。

農村では、生糸の輸出激減で繭が半値以下の値崩れになり、そのうえ米価が豊作で暴落した。しかも翌年は、天候不順の凶作に追い討ちをかけられた。極度の生活困窮で娘の身売りがあいつぎ、社会問題となる。工場労働者も倒産や工場閉鎖で職を失い、失業者の総数が二五〇万人にのぼった。

このような昭和という時代の暗い幕開けは、一方で、戦争の時代の幕開けと重なった。三一（昭和六）年九月一八日の、「満州事変」を端緒とする。満州という地名は、現在の中国の東北部を総称した。傀儡《かいらい》国家の「満州国」を建国した日本は、さらに「中国大陸および南方への進出」を企てた。

そして三七（昭和一二）年七月七日の深夜に、中国の盧溝橋《ろこうきょう》で日本軍と中国軍の小規模な武力衝突が起きた。それをきっかけに、日本軍が七月二八日に中国軍への総攻撃を開始し、日中戦争の火蓋を切った。宣戦布告のない総攻撃だった。

国民精神総動員

開戦四日目の一九三七（昭和一二）年八月一日、早くもこの日から、映画館で上映される映画の冒頭画面に「挙国一致」や「銃後を護れ」などのスローガンが映し出されるようになった。「国民精神総動員」の始まりとなる。ラジオから毎日、国民唱歌「海ゆかば」（信時潔作曲）の荘重な曲が流れた。万葉集の一節を歌詞とし、「死体累々になろうとも、天皇のために死んで悔いはない」と歌う。女性たちは兵士に思いを馳せ、武運長久の祈りを込め、街頭で千人針を縫った。

翌三八（昭和一三）年五月五日、国家総動員法が施行された。戦争遂行に必要な人、物、金、企業活動、文化と情報を政府が統制し、総動員を可能にする。

七月三〇日には、産業報国連盟が発足した。全国の工場や事業場に産業報国会を組織し、労使一体の生産邁進で戦争遂行を支える。産業報国という国民的義務感のもとで、労働組合を無力化することが意図された。

翌三九（昭和一四）年七月八日、国民徴用令が公布になり、重要産業に対する労働力の重点投入が始まった。

この間の全国石炭生産量は日中戦争開戦の三七（昭和一二）年から三年間に、四五二六万トン、四八六八万トン、五二四一万トン、と拡大を続けた。さらに増産を図るため、商工省は三九（昭和一四）年九月に石炭緊急増産配給対策要綱を決定した。高能率の大手炭鉱に資材と労働力を集中する。

「『もう兵隊に行かんで、石炭ばどんどん掘ってくれ』ち、言わしたもんな」

田中重喜さんは上司にそう言われ、ひたすら石炭を掘った。三池炭鉱に入社したのは三八（昭和一三）年、徴兵検査を受けた二〇歳のときだった。

増炭号令と憲兵の暴力管理

日中戦争三年目の一九三九（昭和一四）年九月一日、ドイツ軍がポーランドに進撃し、第二次世界大戦が始まった。ヨーロッパと中国で、二つの戦争が同時進行することになる。日本政府は、「満州、中国、東南アジア、さらにオセアニアの一部を含む『大東亜』に日本中心の政治、経済、軍事体制を築く」、との野望を抱いていた。

日本の国内では一層の生産増強に向け、四〇（昭和一五）年一一月二三日に産業報国連盟が大日本産業報国会に改組された。政府が介入し、生産邁進の旗振りをさらに強化する。

「増産で、月に一回しかよこわせんたい。憲兵が事務所にピシャーッと座っとる。目が窪って、手の筋が突ったったから、『今日はよこわしてくれ』言うたって、『兵隊さんをどう思うかッ』て、全然受けつけん。そらあ鍛えられた。そらあ鍛えられたたい。もう哀れなもんじゃったばい。もう奴隷、奴隷たい」

田中重喜さんのつらい体験がよみがえる。たとえ病気でも欠勤すると憲兵に木刀で徹底的に殴られ、見せしめの制裁を受けた。

強制連行

日中戦争五年目の一九四一（昭和一六）年、一二月八日に日本は太平洋戦争を開戦した。炭鉱（山）では一二月から翌年三月を戦時非常石炭増産期間とし、増炭号令と憲兵による暴力的労務管理がますます激しくなった。「撃ちてしやまん、一億抜刀米英打倒、全山歓喜力行」「明日の十トンより今日の一トン」、そんなスローガンが飛び交った。「石炭なくして兵器なく、石炭なくして国防なし。切羽は切刃にしてすなわち戦場なり」。

しかし全国の石炭生産量は四〇（昭和一五）年の五七三一万トンを最高に、その後は下降をたどった。

政府は労働力の大量投入を図るため、四二（昭和一七）年三月に朝鮮（現・韓国および朝鮮民主主義人民共和国）人の強制連行を開始した。朝鮮総督府の出先機関と警察が各地で「労働者狩り」をし、日本に送り込む。炭鉱、鉱山、ダム建設現場などで酷使した。さらに翌四三（昭和一八）年三月からは、中国人の強制連行を始めた。

これらの措置を反映し、全国の炭鉱労働者総数が四二（昭和一七）年の三四万人から四五（昭和二〇）年六月には四二万人へと増加した。四二万人のうち、外国人労働者は朝鮮人一二万四〇二五人、中国人九〇七七人、連合国軍捕虜九七一九人、計一四万二八二一人を数えた。

一方で石炭生産量は四三（昭和一八）年に前年比一三五五万トン増の五五五四万トンを出炭したものの、資材不足と乱掘で四四（昭和一九）年は六二〇万トン減の四九三四万トンにとどまった。さらに四五（昭和二〇）年は、一月から七月の累計が前年同期に比べ七三六万トン減となった。強制連行が実効を伴わなかったことになる。

しかも過酷な労働と粗食のため、九州の大手一八炭鉱で中国人六九三七人のうち一〇〇六人が死亡するという、悲惨な記録を残した。そのうち三池では、過半の五六四人にのぼった。

八月一五日、日本の敗戦で第二次世界大戦が終結した。

2 三池労組の自己変革

1　経済復興への協力と犠牲

労務管理の網

笑いがこぼれるのをけんめいにこらえながら、三池主婦会会長の島文枝さんは一九五〇（昭和二五）年六月四日投票の第二回参議院議員選挙のことを思い浮かべた。三井鉱山の山川良一社長が石炭業界の推薦で、自由党（のち自由民主党）から全国区に出馬した選挙だ。

「（三池の主婦たちは）花束持って、『がんばってッ』て、そしたらトップで、『山川良一社長が上がったわよッ』て、もう喜んで」

そこまで話すと、こらえきれずに「アハハハハ」と高く笑った。斉藤清子さんが継いだ。

「社長が当選すればね、自分たちの暮らしも良くなると思うとるわけよ、会社に教え込まれて、正直に思うとるわけよ。だけど自民党やろ、社長は。それが（良くなるはずはないということが主婦たちに）わからんわけよ」

転げるような笑いの渦が同席した主婦会員の中に起こった。闘いで鍛え抜かれた妻たちの、主婦会結成前とは比べものにならない思想のたくましさが高く明るい笑いを生む。

会社は労務管理の一環として、社宅ごとに婦人会を組織していた。会社幹部の夫人が役員に名を連ね、鉱員の妻に対する教育宣伝の手段として活用した。料理や生け花などの生活改善講習会を開くたびに所長や鉱長が、「お父さんががんばって働けば会社は良くなり、みんなの生活も良くなる」と繰り返し訓話する。

一方で会社は、社宅に「世話方」を配置した。世話方は、明治時代に納屋頭の一部の者を職員に登用して「世話人」と呼んだのが始まりで、戦後に世話方と呼ぶようになった。補導員とも呼ばれた。斉藤清子さんがこう語る。

「補導員がね、勝手に家さん上がってくるわけです。休んどったら『すぐ出勤しろッ』て、もう昔の奴隷ですよ」

世話方の機嫌を損なうと、畳替えや襖の張り替えを先送りにされた。私用で遠方へ行くときも、世話方に届け出て「旅行券」をもらう決まりになっていた。旅行という私事にまで目を光らす世話方は、逃亡防止を徹底した明治時代の納屋頭と変わらない。鉱員の私生活や交友関係などを内密に調査し、会社の労務係に報告する義務も課せられていた。

こうして会社は、婦人会と世話方による労務管理の網を社宅に張りめぐらせてきた。その網をたぐり寄せ、参議院議員選挙に立候補した山川良一社長は大牟田で有効投票の四割を獲得し、全国区でトップ当選をした。家族を含む鉱員の隷従と、三池労組の組織的弱さの反映にほかならない。

三池炭鉱労働組合の結成

そもそも三池労組は、会社の祝福のもとで発足した。一九四六（昭和二一）年二月三日、笹林公園に一万余人が集い、三池炭砿鉱員労働組合（のち三池炭鉱労働組合、略称・三鉱労組、本書では三池労組と表記）の結成大会を開いた。舞台には日の丸の旗を掲げ、来賓席に会社幹部がずらりと並んだ。会社は大会参加の組合員に祝儀として、一人一〇円の酒肴料を配った。

組合本部の最高責任者は組合長でも委員長でもなく、理事長と称した。理事長という役職名が戦時中の、大日本産業報国会の影を引きずっていた。産業報国会は終戦の翌月に解散したにもかかわらず、三池では労働課長の指示で産業報国会の委員改選をし、新委員が労働組合結成準備委員になった。

石炭業界最大手の三井鉱山はこの年の九月時点で全国出炭量の一七パーセントを担い、その四割を三池で生産していた。三池労組の影響力は大きい。しかしまだ、本来の労働組合として機能するには至っていなかった。一万六〇〇〇人を擁していた。

傾斜生産方式

三池労組結成の年、一九四六（昭和二一）年の日本経済は敗戦の影響が深刻で、石炭生産量が前年比五五パーセント減、銑鉄も八〇パーセントの激減になった。そのため政府は一二月二七日に、傾斜生産方式の採用を決めた。輸入品の重油やコークスの全量を製鉄所に投入し、生産した鋼材を炭鉱に回して石炭の増産に役立て、その石炭を製鉄所で優先的に使用する。このような循環によって製鉄所と炭鉱の生産力が回復すれば他の産業にも石炭と鋼材の供給ができるようになり、経済全体の復興が可能になる。

一方で、終戦を境に四二万人から二一万人へと半減した炭鉱労働者の、大量増員を必要とした。

政府は国民一人一日二合一勺（およそ三一五グラム）の米の配給を炭鉱労働者には特例で五合にするなど、優遇措置を講じた。五合はさらに六合へ、家族にも三合を配給した。二合一勺では空腹感がひどく、人々は闇取引の食糧を探し求める状況にあった。

炭鉱の社宅建設や物資調達に必要な資金に関しても、四七（昭和二二）年一月二五日に開業の復興金融公庫が融資を始めた。さらに配炭公団法が四月一五日に公布となり、石炭の買い入れと販売に関する統制を開始した。公団が石炭各社の利益を保障する値段で買い上げ、需要先には低価格で販売し、差額を政府の補給金で埋め合わせる。

それらの措置のもとで、復員軍人、海外からの引揚者、国内の失業者などが続々と炭鉱に集まり、採用された。当然のことながら、新規入山者は様々な学歴を有していた。そのため戦前の炭鉱で全国的な不文律とされた「高学歴者は採用しない」との経営側の労務管理方針が、崩れることになった。

宮崎県出身の竹脇忠雄さんも四月に三池炭鉱へ入社した。南満州鉄道の鉄道員として勤務中の羅津《らしん》でソ連軍による不意の攻撃を受け、一年余りに及ぶ命がけの逃避行を経て終戦翌年の九月にようやく帰還し、自宅療養後に二五歳で三池に来た。

鉱員たちは、つぎはぎだらけの坑内着を着ていた。それを見て、〈こういう所で働かんと、飯が食えんのか……〉と、ため息が出た。

三池の生活にはすぐ慣れた。雨の日の帰り道ではみんなと同じように服を脱いで脇に抱え、職場の三川《みかわ》鉱から社宅まで褌一枚で走って帰った。

こうして傾斜生産方式二年目の四八（昭和二三）年に、炭鉱労働者総数が戦前を上回る過去最高の四五万七〇〇〇人になった。全国の石炭生産量も計画遂行率九七パーセントを達成し、三四七八万トンに回復した。

その反面、生産優先による保安軽視が災害の多発を招き、三池炭鉱では四六（昭和二一）年からの三年間に死亡者が四六人、五〇人、五七人と増加をたどった。全国の死者も毎年八〇〇人を超えた。

三井鉱山のあいつぐ人員整理

終戦直後の日本経済は基幹産業の復興のみならず、猛烈な勢いで進行するインフレの退治も緊急課題になっていた。

日本を極東における共産主義の防壁にしたいアメリカは日本経済の早急な再建に向け、デトロイト銀行頭取のドッジを連合国軍最高司令官総司令部（ＧＨＱ）の経済顧問として一九四九（昭和二四）年二月一日に日本へ送り込んだ。ドッジはインフレ抑制のため日本政府に対し、政府予算の超均衡編成、価格差補給金の削減、復興金融公庫の債券発行禁止、一ドル＝三六〇円の単一為替レート設定、などの実行を強く迫った。

その結果、異常なインフレはみごとに収束した。しかしその反動で深刻なデフレを招き、金詰りによる企業の倒産や工場閉鎖があいついだ。石炭業界もドッジ政策の直撃で苦境に陥り、全国におよそ八五〇ある炭鉱のうち二〇〇余りが休鉱や廃鉱を余儀なくされた。

三井鉱山は、九州の三池、田川、山野、北海道の芦別、砂川、美唄、新美唄の七炭鉱の鉱員労働組合で組織する全国三井炭鉱労働組合連合会（三鉱連）との団体交渉（団交）を経て、「低能率者整理」の名目で鉱員一〇六二人を解雇した。自主退職者一一九〇人と合わせ、二二五二人の減員になる。結成わずか三カ月の三鉱連は、人員整理に反対しなかった。

翌五〇（昭和二五）年には六月二五日の朝鮮戦争勃発を機に、「レッドパージ」が強行された。GHQが反共政策の一環として経営者団体に対し、共産党員と共産党支持者を職場から追放するよう勧告したことによる。全国で民間労働者一万九七六人、公務員一一九二人、計一万二一六八人の追放となった。石炭業界からも二〇二〇人を数え、そのうち三井鉱山は三池の一九七人など四五五人を解雇した。

さらに三井鉱山は人件費削減のため鉱員八五〇〇人の希望退職募集を計画し、三鉱連と団交を開いた。三鉱連は「本人の自由意思」を前提に、募集を認めた。一万一八二三人が山を去った。

このとき日本経済は、朝鮮戦争の特需景気で沸いていた。在日アメリカ軍による日本の商社や企業への軍需物資発注額がわずか半年間で一億八二〇〇万ドル（六五五億二〇〇〇万円）にのぼり、深刻なデフレ不況の日本経済に生気がたちまちよみがえった。

特需景気は少し遅れて石炭業界にも波及した。三井鉱山では翌五一（昭和二六）年三月に、貯炭が適正量の二〇万トンを下回る一七万トンにまで減った。生産急増が必要になり、新規の大量採用で増産に努めた。

こうして三井鉱山はわずか一年余りのうちに、「低能率者整理」とレッドパージと大量希望退職募集による三度の人員整理をし、一方でその直後に大量採用をした。労働者を物のように扱う労務政策のもとで、三池の労働者の胸の内に不安が広がった。そして、労働組合に関心が向いた。

「やっぱ自分に（解雇通告が）来るかもしれんって、思うようになってからたい」

三池労組三川支部に所属する採炭工の林田繁行さんは、二五歳の当時をそう振り返った。

2　労働者の目覚め

組織強化の体制整備

先に述べたように三池労組は会社に祝福され、産業報国会の影を引きずりながら発足した。とはいえ社会から受ける刺激の中で、しだいに労働組合らしさを備えていった。

まずは結成二年後の一九四八（昭和二三）年八月三〇日に規約を改正し、新設の前文で「全組合員による全組合員のための組合を実現しなければならない」と民主主義を宣言した。併せて、役職名の理事長を組合長に改めた。

翌四九（昭和二四）年四月一日の規約改正では、職場ごとに分会を新設した。本部―支部―職場分会という縦系列によって、「諸条件の強力なる獲得のため、闘える組織、日常闘争組織の確立」をする。

さらに五一（昭和二六）年八月から、学習会の定期開催を始めた。福岡県が労働行政の一環として各地で労働講座の開催を奨励し、大学に講師の派遣要請をしていた、との背景もあった。三池労組の学習活動は、九州大学経済学部の向坂逸郎教授と助教授陣によって支えられた。向坂教授は大牟田の出身で、カール・マルクス著『資本論』（フリードリヒ・エンゲルス編）の日本語版訳者でもある。三池労組は執行委員対象の学習会を毎週一回、職場委員と一般組合員対象の学習会を毎月一回、定期開催した。「向坂教室」と呼ばれるようになる。奥田八二助教授（のち福岡県知事）は大学の勤務後に、三池あるいは筑豊へ足繁く通った。三池ではかつての囚人使役を具体例として、資本主義を解説し、社会主義を語り、労働組合の活動に期待をした。

学習会の開始と併せ、三池労組は五一（昭和二六）年一〇月一日の規約改正で、地域分会の設置を決めた。社宅単位で居住性向上の運動を起こす。

職場分会と学習会と地域分会とによって、日常的な組織活動の体制が整った。

六三日スト

三池労組が地域分会を設置した翌年、一九五二（昭和二七）年の四月二八日に対日平和条約が発効し、日本は占領を解かれて独立した。同時に日米安全保障条約も発効になった。独立に伴い、GHQによる労働運動への介入が終わった。

八月一三日、石炭産業における労働組合全国組織の日本炭鉱労働組合（炭労）は、一〇月以降賃金の要求書を日本石炭鉱業連盟（石炭連盟）に提出した。坑内労働者の日給五五〇円を九三㌫

増に、坑外労働者の三四〇円を六五％《パーセント》引き上げる。中央労働団体の日本労働組合総評議会（総評）が提唱する「マーケット・バスケット（買物籠）方式」にもとづいて、理論生計費を要求の根拠にした。

対する石炭連盟は需要先からの高炭価批判や貯炭量の増加傾向を理由に、基準賃金の現行据え置きと標準作業量の引き上げにこだわった。三年前に配炭公団が解散した時点で石炭価格が高水準に跳ね上がり、以来、鉄鋼や電力業界などから高炭価批判が起きていた。

交渉が決裂し、炭労は一〇月一三日と一四日に全組合一斉の四八時間ストライキを打った。さらに大手組合が一〇月一七日から無期限ストに入り、中小組合も一一月一一日に突入した。

ストの長期化に伴って、国鉄列車の運行や製鉄会社の操業に影響が及んだ。事態収拾のため政府の要請を受けて中央労働委員会（中労委）の中山伊知郎会長が斡旋に動き、一二月七日に賃金七％《パーセント》引き上げなどの斡旋案を労使双方に提示した。石炭連盟はこの斡旋案を受け入れた。

一方の炭労は中央闘争委員会で採決の結果、二八対二九の一票差で受諾拒否となった。炭労は闘争強化のため、一二月一七日から保安要員を総引き揚げする、との方針を決めた。

一二月一五日、再び政府が動き、労働関係調整法にもとづく緊急調整権の行使を中労委に諮問した。緊急調整に入るとその日から争議行為が五〇日間禁止となり、その間に中労委が解決に向けて再斡旋をすることになる。中労委は緊急調整是認の答申をし、政府は「一二月一七日午前〇時に緊急調整を発動する」と告示した。

緊急調整に抵抗することはできない。炭労は政府の介入に憤怒を込め、一二月一六日午後一一時四五分にスト中止を指令し、六三日間に及ぶ実力行使を解除した。

賃金の九三パーセント増額要求に対して、結果はわずか七パーセントで終わった。とはいえ日本の労働運動において過去最長となる六三日間のストを炭労の全組合員で闘い抜いたことが、大きな自信と誇りになった。目覚めを果たした三池の労働者の、果敢な活動がここから始まる。

3　主婦協議会の結成と一一三日闘争

三池労組の炭婦協結成方針

六三日ストライキの翌年、一九五三（昭和二八）年に石炭大手各社は、戦後初となる業界一斉の企業整備を計画した。需要先からの高炭価批判に対処するため人件費を削減し、炭価を引き下げる。その動向は正式発表の前にマスコミを通じ、世間に伝わった。

大量の人員整理に反対して闘うには、六三日ストを上回る強固な闘争態勢が必要になる。六三日ストのとき三池では大半の妻たちが、「お父さん、ストをしても給料はいっちょん上がらんが、どげんすっとね。もうたいがいストをやめて、出勤してもらわな、もたんよ」と音を上げ、夫の闘争心をぐらつかせた。このような妻たちを組織しなければならない。

三池労組は就任したばかりの宮川睦男組合長のもとで四月二九日に、「既存婦人会（引用注・

会社側婦人会）と並立的に、あるいは吸収的に、遂次、地域分会婦人部組織に切り替え年度内に炭婦協加盟を完成する」との方針を決めた。

炭婦協は日本炭鉱主婦協議会を正式名称として、前年の五二（昭和二七）年九月一一日に結成された。炭労との「緊密なる連携のもとに共同の利益を確保し、主婦の経済的・社会的地位の向上を図る」。全国で一一六支部、八万四〇〇〇人を擁した。炭労二七万人の、三一パーセントに相当する。六三日ストを強力に支えた。

会社の妨害

三池労組の炭婦協結成方針に対し、会社の三池鉱業所は直ちに関係課長らを集め、全面対決の方針を決めた。いわく、「既成婦人会を解消され、主婦組織が組合側の管掌下に入った場合、現場には会社の意向をそのまま伝達しうる労務管理の対象としての組織体がまったくなくなってしまい、労務管理の困難性が著しく増大する。従って炭婦協結成の動きには正面から反対する」。主婦争奪戦が始まった。

かつて〈こんな所で働かんと飯が食えんのか……〉とため息をついた竹脇忠雄さんは、三池労組の三川支部で組合活動に専従していた。支部執行部一六人のうち竹脇さんを含む七人が教育宣伝部（教宣部）に属し、教宣部が炭婦協の組織化を担当する。竹脇さんは社宅の主婦たちを相手に毎日、車座の話し合いを続けた。

「お父さんがストライキをすっときは後押しせないかん。お父さんがストを打つのに、あんたたちゃ会社側についとるわけやけん、邪魔すっとと変わらん」

対する会社は社宅での集まりを阻止するため、事前の許可申請を三池労組に要求した。組合は「居住者の私生活への介入だ」と突っぱね、以来、何度も応酬が続いた。

会社は自室を提供した居住者に対しても世話方を使い、「社宅から出てもらわないかんごつなるばい」と警告した。あるいは、「そんなこつばしよったら、こんだもう、あんたの旦那の首ば保障せんばい」との脅しを掛けた。主婦たちは、夜陰にまぎれて集まった。

三池炭婦協結成

会社の執拗な妨害を受けながらも、〈企業整備で夫が首を切られるかも……〉との不安が主婦たちを駆り立てた。そして三池労組の中央委員会決定から二週間後の一九五三（昭和二八）年五月一二日に、三池炭婦協の初組織となる三川支部緑ヶ丘分会が結成された。社宅の集会所が会社の不許可で使えないため中学校の講堂を借り、結成大会を開いた。

以来、あちこちの社宅で結成があいついだ。五月二五日時点で社宅居住者に占める炭婦協加入者の割合が、宮浦支部四〇パーセント、本所支部三九パーセント、四山《よつやま》支部三八パーセント、三川支部二九パーセント、一方で港務支部と製作支部が〇パーセント、全体で三一パーセントという加入状況になった。

会社は世話方と人事係員を動員し、組合の貸切りバスで結成会場に向かう主婦の写真撮影と氏名の記録をさせ、威嚇した。そのため主婦たちは買物籠を下げて近くの商店に行くふりをしながら、あるいは電信柱に身を隠し、監視の目を盗んで脱兎のごとくバスに乗り込んだ。五月三〇日、加入率が五一パーセントになり、過半数を超えた。

会社はさらに妨害を強め、社宅の畳替えの際、既成婦人会員には枚数を優遇し炭婦協加入者には冷遇するという差別待遇に打って出た。三池労組は「福利厚生の平等性に反する」と強硬に抗議し、主婦たちは怒りをつのらせた。

こうして七月二一日に各支部を束ねる連合組織として、三池炭鉱主婦協議会（三池炭婦協）の結成大会を大天地映画劇場で開催するに至った。組織率は六五パーセント、労使の攻防の激しさを反映していた。

港務支部の新港社宅では、会社側婦人会の会長が炭婦協加入者の家を泣きながら説得に回った。「なんであんたたちは会社に恩知らずの行為をしたか。会社のおかげでこの社宅にも入っとるし、会社のおかげで給料をもらいよるくせに」と不忠を嘆き、「炭婦協を脱退してくれ」と哀願した。

三井鉱山の希望退職募集

三池炭婦協結成の動機になった石炭業界の企業整備は、希望退職の募集による北海道炭礦汽船三五〇〇人、三菱鉱業三〇〇〇人、日鉄鉱業一四〇〇人、日本炭礦一二〇〇人、雄別炭礦鉄道一一〇〇人、杵島炭礦六五〇〇人、太平洋炭礦二二〇〇人、と発表があいついだ。

石炭最大手の三井鉱山は一九五三（昭和二八）年八月七日に、鉱員五七三八人と職員一〇〇一人、計六七三九人（在籍人員比一二パーセント）の募集計画を労働組合に提示した。予定数に達しない場合は退職勧告基準にもとづいて指名退職勧告を行ない、勧告に応じない者は解雇する、との強硬策を添えた。

対する三鉱連は、「今こそ労働組合の絶対的任務に直進せざるをえない」との決意を固めた。組合員の首を守ることが絶対的任務となる。八月一一日から、無期限の保安遵法闘争を開始した。遵法による減産が一日当たり四割ないし五割に及んだ。八月一七日には、職員で組織する三井鉱山社員労働組合連合会（三社連）との共同闘争委員会を発足させた。

八月二七日、会社は鉱員の希望退職募集人員を当初の五七三八人から四五六三人に減らしたうえで、希望退職の募集を始めた。三池労組は怒りを込めて二四時間ストライキを打ち、各社宅一斉の決起集会とデモで会社に抗議した。三池炭婦協の会員たちも子供を背負って果敢に闘った。北海道の美唄、芦別、砂川は二時間ストを打った。

八月二九日、会社は希望退職の募集を締め切った。全山で予定数の一九《パーセント》、八四八人にとどまった。

解雇通告

鉱員の希望退職者を予定の二割しか得ることができなかった会社は次の措置として、募集締め切り翌日の一九五三（昭和二八）年八月三〇日に鉱員三四六四人を指名し、自主退職を勧告した。応じない者は九月四日付で解雇する、と書き添えた。三鉱連はすかさず翌八月三一日に、三社連とともに全山一斉の二四時間ストライキで抗議した。

九月三日、会社は応募を締め切った。六九六人が応じた。目標の三四六四人に遠く及ばない。

そのため会社は予告通り六九六人を差し引いた二七六八人に対し、解雇を告げた。

三池労組は怒りに燃え、翌九月四日の午後一時から二〇〇〇人による解雇通告書一括返上デモを行なった。雨が降る中、参加者はずぶ濡れになりながら会社の建物の一室を凝視し続けた。その部屋で、三池労組の本部役員が会社幹部と解雇通告書の返上をめぐり、押し問答を延々と繰り返していた。屋外のデモ隊が一万二〇〇〇人に膨れ上がった。

雨はますます激しくなり、だんだんうす暗くなってきた。老婆は子供のクビを守ろうとするのか、素足で風呂敷をかぶり、ジイッと交渉のおこなわれている会社の建物を、流れおちるしずくも払わず、歯をくいしばってみつめている。その横では五つぐらいの男の子の手をひき、赤ん坊を背負った人がとなりの人の差し出すこうもり傘に親子三人ピッタリと身体をすりつけ、とうちゃんの首切りを撤回しろと、叫んでいる。まさに地獄か、でなければ戦場だ。こうまでしなければ、私たちの願いはうけ入れられないのか。いやいや聞こうともしない。私たちの闘魂はますますたかまった。そうして、いちようにみんな考えたのは、どうせ首切られたら、一家四散か心中より他にない。それよりもこのまま、雨にぬれても、時間がたっても、死んでも、憎しみの炎を燃やしながら、親子がともに死んでもかまわない。もう一度みんなとともに叫んだ。

『首切りを撤回しろ』

どこからともなく『人殺し……』と叫ぶ人があった。雨はまだまだ降りつづいている。私は引いていた子供の手をしっかりにぎりしめた。子供はしずくの流れおちる顔をふりあげて、ニッコリしてみせた。(三池炭鉱主婦会編『三池主婦会二〇年』労働大学発行)

およそ一〇時間になろうとしていた。デモ隊の前で会社幹部が、「解雇通告書をひとまずお預かりする」と答えた。大群衆が歓喜の叫びをあげた。

指名解雇撤回

解雇通告書の一括返上に続き三池労組はさらに会社を追い込むため、四山鉱と三川鉱を連結する揚炭部門において、該当作業者一九人を一九五三(昭和二八)年九月七日から無期限のストライキに入れた。部分スト戦術の採用は三池労組初となり、炭労においても過去に例がない。四山鉱の出炭が完全に止まった。遵法闘争との相乗で、三池全体の出炭遂行率が通常の一割にまで激減した。砂川と美唄も遵法闘争で三割ないし四割、芦別も五割しか出炭できなかった。希望退職の募集だけでいち早く企業整備を終えた他社に、顧客が流れて行った。

それでも会社は強硬姿勢を崩さず、職員の希望退職募集に関しても目標人員と応募者の差一〇五人に対し、九月一二日に解雇を通告した。三社連は直ちに全山の事務部門で二四時間ストを打ち、九月一六日から全山の業務部門を無期限スト、一八日から三池港務所の事務部門を無期限ストに入れた。そのため九月一六日以降、会社の出荷機能が停止した。

三社連は組織力に限界が生じて一〇月一二日に無期限ストを中止したものの、三鉱連による減産が依然として会社に深刻な打撃を与え続けた。窮地の会社はそれまでの強硬態度を改め、事態収拾に方針を転じた。そして、指名解雇の白紙撤回を表明した。

三池労組はビラに赤のインクで大きく「特報」と書き、配った。組合員は「万歳」を何度も叫んだ。肩を抱き合った。炭婦協の主婦たちは、涙が止まらなかった。一一月二七日、三鉱連は一一三日に及ぶ闘争態勢を解いた。

他社が希望退職の募集にとどめたのに、なぜ三井鉱山のみが指名解雇にこだわったのか。会社はのちに同社編著の『資料三池争議』（日本経営者団体連盟弘報部発行）において、「ことに三池は数より質が問題だった」と明かした。「質」は、三池労組の活動家を指す。

指名解雇を果せなかった会社はこの先さらに、「質」へのこだわりを秘かに続けた。

4　職場闘争の高揚

労務政策の転換

一一三日闘争による大幅な減産に加え、他社に市場を侵食された三井鉱山は、一九五四（昭和二九）年四月の前年度下期決算で三三億円の赤字に陥った。日本経済の「昭和二九年不況」による赤字一〇億円も重なった。会社は緊急改善方策大綱をとりまとめ、六月四日に三鉱連と三社連に提示した。機構改革、人事の刷新、労使関係の安定方策など、一二項目から成る。

人事刷新では山川良一社長が退任し、栗木幹社長体制を敷いた。労使関係の安定方策に関しては、労働組合との関係を対決から協調へ一八〇度転換することにした。「宥和政策」と名づけた。その一環として、三池炭婦協の会社施設利用を認めた。世話方制度も六月一五日に廃止した。

職場闘争の開始

会社が「宥和政策」で労使関係の円滑化を図ろうとしたのに対し、三鉱連は炭労の方針にもとづいて経営参加を提唱した。妥協を前提とする参加ではなく、決定権を伴う経営協議会とし、会社の一方的な首切り提案を未然に防ぐ。「経営方針変革闘争」と名づけた。

闘争推進にあたって三鉱連は、経営方針に関する発言力と行動力を高めるため、職場の日常活動を重視し積み上げることにした。総評の高野実事務局長による、次の一説を引き合いとする。「一つの職場で、こんな工程では困る、こんな器具では困る、こんな人の配置では仕事にならない、安全装置をよくしろ、あんな職制の能力ではお断りだ、という具合である。こうして職場から積み上げた労働プランが企業の建て直しプランとなる」。

そのような積み上げの実践を、「職場闘争」と呼んだ。折しも会社が「宥和政策」に転じて姿勢を柔軟にしたため、職場における職制と組合員の力関係が均衡した。それが職場闘争を容易に展開する素地となった。

三池労組の職場闘争は、職場分会を単位として進めた。そして例えば、職制による「オイッ、コラッ」という名無しの呼び方や「さん」無しの呼び捨てをやめてもらいたい、などという日常の不満を解決する要求で初期の職場闘争が始まった。

そのうえ最優先の要求として、安全第一を求めた。危険作業の見直しや必要人員の増員を図る。労働条件に関しても、職制の配役指示によって各人の請負給の額が左右されることに反対し、輪番制による配役の公平化を掲げた。

要求は、職場ごとに労働環境や職制の対応が違うため、各職場で多様に起きた。そして、「職場の主人公は労働者」「職場に労働組合を」「幹部闘争から大衆闘争へ」とのスローガンが生まれた。

こうして三池労組の職場闘争は、三鉱連の中で最も先進的となった。炭労も三池を模範とし、職場闘争を「組合活動の本質であり任務」と意義づけた。一方で三鉱連が要求した決定権を伴う経営協議会の設置は、会社の抵抗で実現できなかった。

地域活動の活性化

職場闘争のかたわら三池労組は居住地で、「生活革命運動」を展開した。各地域分会が三池炭婦協とともに、社宅の衛生対策、夏休みの児童対策、虚礼廃止、家計の節約、などに取り組む。三池炭婦協はこの時点で組織率が一〇〇パーセントになっていた。活動強化のため一九五五（昭和三〇）年五月二二日に協議会制度を廃止して単一化し、名称を三池炭鉱主婦会（三池主婦会）に改めた。

生活革命運動は組織内にとどまらず地域においても実を結び、総評の大牟田地方労働組合評議会と大牟田市内の一般商店四二五店との提携による大牟田革新商店連盟が結成された。「強い連携で共同の利益を守る」。荒尾革新商店連盟も二五三店の参加で発足した。

さらに三池労組の生活革命運動は、「給料一日寝かせ運動」と「家族会議の開催」へと発展していった。その結果、計画的な家計の維持、家族相互のいたわりと励まし、労働組合活動への理解、などに大きな成果をもたらした。

そのような取り組みと並行して、学習活動の底辺が広がった。一人ひとりの問題意識を育み、みんなの共通認識とする学びの場が三池では、地域分会や主婦会を単位として数多く存在した。九州大学の助教授陣が率先して講師を引き受けた。社宅の広場で青空教室を開いたこともたびたびある。貧富のない、差別のない、平等の権利に対する希求が組合員と主婦会員たちに芽生え、だんだんと強くなっていった。

宮浦鉱の鉱員・高椋龍生さんは、次の詩を書いた。

「かあちゃんば
だいじにすっとが
民主主義たい」
「亭主関白は
民主主義じゃ
なかっばい」

先生が
学習会で
そういった

かあちゃんが
まだしごとから帰らんとき
洗濯したり
飯たいたり
ふきそうじてろん
ときどきするけん

おらァ
ちったァ
民主主義の
生かじりたい。

折しも日本経済は、特需ではなく自力による、戦後初の大型景気に浴していた。「神武景気＝神武天皇の時代以来の好景気」と名づけられ、五四（昭和二九）年一一月から五七（昭和三二）

年六月までの三一カ月間にわたり、景気拡大が続いた。三池の、職場と地域における明るさと重なった。

一方で、政府主導による石炭産業の体制的合理化が本格的に始まることになる。

石炭鉱業合理化臨時措置法の施行

「神武景気」のもとで一九五五（昭和三〇）年八月一〇日に、石炭鉱業合理化臨時措置法が施行された。五年間の時限立法で、その間に年産三〇〇万トン以下の低能率炭鉱二八〇鉱を政府が買い上げて閉鎖し、一方の大手炭鉱には政府資金の投入で竪坑方式の普及を促進する。そして業界全体で一人一カ月の生産能率を一二・五トンから一八・四トンに引き上げ、一トン当たりの生産費三九七四円を三二三〇円に引き下げる。

「スクラップ・アンド・ビルド」と呼ばれた。閉鎖の中小炭鉱で二万七〇〇〇人、合理化の大手炭鉱で生じる余剰人員三万人、計五万七〇〇〇人の削減を見込む。生産や販売に関し、勧告権限を通商産業（通産）大臣に付与することも盛り込んだ。

完全雇用協定の締結

石炭鉱業合理化臨時措置法に対応して三井鉱山は、向こう一〇年間にわたる自社の長期計画を策定した。生産能率の向上を図り、一方で退職不補充による人員の自然減を進め、一〇年間で九五〇〇人の減少を見込む。三鉱連に対し、一九五五（昭和三〇）年六月一五日に団体交渉を申し入れた。

だが会社は、三鉱連が退職不補充に反発して二年前の一一三日闘争と同様の大闘争を決意したことに直面し、一〇月二二日に減員不補充方針をあっさりと撤回した。「神武景気」のもとでストライキを打たれて生産が停止し、減収になるのは得策でない、との判断による。しかも三鉱連の要求の、組合員の完全雇用、労働条件の向上、人員の定期的補充、保安充実、などを全面的に受け入れた。人員の補充に関しては、①労働災害による殉職者の遺家族を即時採用　②公私傷病による死亡者の子弟を優先的に採用　③定年間近の者や病弱者も子弟の入替採用可能、とする。

こうして会社の長期計画をまったくひっくり返し、労働組合主導の協定が締結された。「完全雇用協定」と呼んだ。炭労傘下の大手各組合も三鉱連に追随して企業内交渉を進め、ほぼ同様の協定を締結するに至った。

完全雇用協定は今後の経営側の企業整備を封じ込め、石炭鉱業合理化臨時措置法の五万七〇〇〇人削減を実現不可能にする。日本経営者団体連盟（日経連）は、「完全雇用を約束する経営者は、経営者にして経営者にあらず」と酷評した。

三鉱連内部の不協和音

完全雇用協定の次に三池労組は、「到達闘争」に取り組んだ。職場闘争による獲得内容の、平準化を目的とする。

職場闘争は職場分会を単位として進めた結果、職場間の闘争意欲の程度差や職制の対応の違いによって獲得内容に差が生じた。組合本部の集計では、職場間格差が九八六項目にのぼり、支部間格差や他山（北海道三山、九州二山）との格差を含め、計一一三〇項目に及んだ。

格差の放置は物取り主義を助長し、組織の団結を破壊しかねない。格差を解消して高位の水準に揃えるため、到達闘争を組んだ。そして本部が持つ交渉権、ストライキ権、妥結権の労働三権を、交渉の主体となる支部長と職場分会長に委譲した。一九五六（昭和三一）年二月二五日、一一三〇項目の要求提出で到達闘争が始まった。

これに対して会社は三権委譲の交渉方式が労働協約に反すると主張し、団体交渉でなく苦情処理もしくは事務折衝としての対応にとどめた。そのため、要求項目のおよそ四割が積み残しとなった。

三月五日、各支部は一斉に部分ストを開始した。特定職場の組合員をストに入れ、残る要求項目の解決を迫る。対する会社は交渉形態が団体交渉でないことをもって、スト突入の組合員はもとより平常勤務の組合員も減産量に見合って賃金カットする、と告げた。

膠着状態が続く中、三鉱連は三月一八日に、三池労組の到達闘争を三鉱連の統一闘争に格上げすることにした。職場闘争の意義と権利を三鉱連全体で守る。交渉の舞台が三池から東京に移った。そして三鉱連は交渉を有利に導くため、四月一四日に北海道の三山を二四時間ストに入れた。

ところが早くも実力行使に限界を生じ、同日、三鉱連は会社と協定に調印し闘いの幕を引いた。三権委譲をめぐる労使の見解の相違は棚に上げ、到達闘争の未解決項目は三池の労使交渉に差し戻し、部分ストに対する賃金カット実施を認める。

まったく成果のない結末となった。石炭の埋蔵量が豊かで将来性のある三池に対し、他の五山は先行きに不安を抱えていた。そのような心理の差が統一闘争に影を落とし、腰砕けとなった。

これを機に、三鉱連内における三池労組の孤立が徐々に進行していくことになる。三鉱連の闘争力も頂点を越え、下降へと転じた。

職場闘争の強化

到達闘争のあいまいな内容でのあっけない幕切れは、三池の組合員に強い不満を広げた。不満の矛先が到達闘争の未解決項目に向き、あるいは新たな要求となり、職場闘争の勢いが増した。対する会社は職制末端の係員に独断での回答を禁じ、上司への伺いを義務づけた。そのため職場闘争は、勢いが増せば増すほど係員を窮地に追い込むことになった。係員は三池職員組合の組合員つまり三社連の組合員で、三社連は三鉱連とともに炭労に加盟していた。三年前の一一三日闘争に勝利した最大の要因が三鉱連と三社連の共闘であったのに、職場闘争は、両者の離反につながる危険性を大いにはらんでいた。

しかも三池の組合員は係員から満足な回答が得られないことに反発し、要求獲得のための行動をしだいに強めていった。その行動を会社は、「山猫的実力行使」とみなした。「山猫」は支部執行部の指令にもとづかない行為を意味する。「入坑遅延」「座り込み」「作業拒否」「作業放棄」などに分類し、反撃の日に備えて克明に記録を続けた。三池労組への、憎悪がつのっていく。

3 三池闘争の展開

1　六〇〇〇人削減提案

三池と安保

「神武景気」と名づけられた戦後初の大型景気は一九五七（昭和三二）年六月に去り、代わって「鍋底不況」が到来した。石炭業界では不況下の五八（昭和三三）年上期に、生産者貯炭と需要者貯炭の合計が一〇〇〇万トンを超えた。年間生産量の二割に迫る。炭価が大幅に下落し、下期にかけておよそ一〇〇鉱の中小炭鉱が休鉱や廃鉱に追い込まれた。

五八（昭和三三）年一〇月二日、『朝日新聞』（東京本社版）は「三井鉱山で不況対策　投資削減や給与引下げ」と報じた。三井鉱山は九月決算で、一九億円余りの赤字に陥った。

一方でその新聞報道の二日後、一〇月四日に、岸信介内閣のもとで日米安全保障条約（安保条約）の改定交渉が始まった。総評や原水爆禁止日本協議会、憲法擁護国民連合など五団体は声明を発表し、安保条約改定の危険性を次のように指摘した。

この改定は、現行の安保体制を固定化するだけでなく、日本が自分の意思でアメリカの軍事ブロックに参加していることを再確認し、さらに米国との共同防衛体制に公然と加入することになります。同時に、その結果は日本の軍事力の増強と米国への軍事的義務の遂行を強制されることによって海外派兵が避けられなくなり、憲法第九条は全く空文と化します。それればかりではありません。米国が極東のどこかで紛争をひきおこした場合、日本の軍事基地は自動的に利用され、日本はいや応なしに戦争にまきこまれることになるのです。（中略）

さらに、この改定は米国の核兵器持ち込みに対し日本が拒否権を持ち得ない訳ですから、政府の核兵器持ち込み禁止の公約はホゴ同然です。（後略）

この見解の正しさは、のちの歴史が証明した。翌五九（昭和三四）年三月二八日、総評をはじめ多くの団体によって安保条約改定阻止国民会議が結成された。こうして三池闘争と安保闘争が六〇（昭和三五）年にかけ、同時進行することになった。

三井鉱山の第一次再建交渉

一九五九（昭和三四）年一月一九日、三井鉱山は労働組合の三鉱連と三社連に対し、再建案を提示した。作業管理の厳格化、福利厚生費の削減、入替採用制の一部中止、残業時間の縮小、退職手当の臨時措置すなわち人員削減、を内容とする。

作業管理の厳格化には、職場闘争で弱体化した職制の権限を回復させる意図が込められていた。入替採用制の一部中止と人員削減は、四年前に締結した完全雇用協定の空文化になる。人員削減の規模は三月一八日の団体交渉で、希望退職の募集による鉱員六〇〇〇人と職員五六〇人、と発表した。

三鉱連は、「得るものは何もなく失うものが余りにも多い」再建案の撤回を迫った。会社は応じなかった。会社は主力行の三井銀行から、再建案が実現しない場合の融資凍結など強い圧力をかけられていた。

炭労は三鉱連の企業整備反対闘争と炭労傘下全組合の春季賃金闘争（春闘）を結合し、同時解決を図るため、大手の組合を三月二三日から無期限ストライキに突入させた。

しかし三鉱連はスト一五日目の四月六日に、成果のないまま会社との交渉を妥結した。中央労働委員会の中山伊知郎会長が炭労の無期限ストを憂慮し、職権による賃上げ斡旋案を労使双方へ提示したことが転機になった。炭労が春闘を妥結したのちの三鉱連の闘いは単独になり、得策でないとの判断が三鉱連に働いた。六年前に単独で闘い抜いた一一三日闘争と比べ、同じ規模の企業整備でありながら三鉱連の闘争意欲に違いが現われていた。

懲戒解雇通告と希望退職募集

鉱員六〇〇〇人と職員五六〇人の希望退職募集で労使合意した一〇日後、会社は募集開始に先立つ一九五九（昭和三四）年四月一六日に、三池労組に対し新たな攻撃を仕掛けた。三川鉱本層下部の職場分会長一人を懲戒解雇する。職場闘争で組合員に入坑拒否や作業拒否を指示し、会社に損害をもたらした、との事例を挙げた。

懲戒解雇通告は、職場闘争との全面対決を意味した。三池労組は激しく反発し、連日にわたり抗議行動を繰り広げた。

一方で会社は四月二五日に、九州の三池、田川、山野の鉱員に対する希望退職の募集を開始した。さらに五月一日から全山の職員を対象に、五月三日からは北海道の砂川、芦別、美唄の鉱員対象に募集を始めた。

そして六月三〇日に募集を締め切った。鉱員の応募者は三池一六二人（在籍人員比一パーセント）、田川三四〇人（四パーセント）、山野四七五人（一三パーセント）、砂川一一九人（二パーセント）、芦別一七一人（四パーセント）、美唄五七人（二パーセント）の計一三二四人（四パーセント）にとどまり、予定の六〇〇〇人に遠く及ばなかった。職員は五八六人が応募し、予定の五六〇人を満たした。

賃金分割払いと一万円生活開始

鉱員の希望退職募集が思い通りに進まず、会社は再び銀行から強い圧力をかけられた。そのため一九五九（昭和三四）年七月一五日に、全従業員対象の六月分賃金分割払いを強行した。資金繰り悪化を理由とし、六〇パーセントを一五日に、残り四〇パーセントを月末に支払う。

さらに七月分賃金を五二パーセントと四八パーセントに改悪のうえ、八月分を五〇パーセントと三〇パーセントと翌月回しの二〇パーセントにした。翌月回しの二〇パーセントは遅配となり、実質的な賃金切り下げになる。

八月支給予定の期末手当に関しても、炭労の統一闘争による大手一二社の解決に反し、三井鉱山はゼロ回答を通した。前年一二月の期末手当は、大手妥結額の六割支給にとどめた。兵糧攻めで組合員の闘争意欲を喪失させる。賃金の分割と遅配は、その後も延々と続いた。

だが、三池主婦会は屈しなかった。長期闘争を台所から支えるため、「一万円生活」の実施計画を立てた。夫婦と子供三人（中学生、小学生、幼稚園）を標準世帯とし、月収を、長期ストライキに入った場合を想定して組合からの生活貸付金による本人七四〇〇円と家族一人九〇〇円の計一万一〇〇〇円とする。そして主食費、副食費、光熱費、教育費などの支出金額を例示した。夫のタバコは一番安い銘柄の「新生」でがまんしてもらい、予備費八六三円で収入一万一〇〇〇円との帳尻を合わせた。この年の、公務員の初任給が一万二〇〇〇円だった。若い独身者と同じ金額で、親子五人が暮らしていく。

カレーライスを作るのに牛肉が高くて買えないから、安いクジラを買ってカレーに入れた。そのクジラさえ我慢して、チクワにした。みんなで社宅の空き地を耕し、野菜を作った。

一方でこの時期、筑豊の炭鉱地帯の荒廃が社会問題になった。

どんづまりの歌

三池労組の機関紙『みいけ』は一九五九（昭和三四）年一一月二九日の紙面で、筑豊の現状を次のように伝えた。

「炭鉱節」で知られる石炭の街—田川の谷間に足を一歩踏み入れた人は誰もがまず、あまりにも荒廃した炭住（引用注・炭鉱住宅）に目をみはるであろう。その一つに田川市川崎町の旧室井豊徳炭住がある。屋根も壁もボロボロに破れ、長屋全体が傾斜してちょっと強い風

筑豊を象徴するボタ山（採掘炭に混入の石や屑石炭を破棄するため積み上げた人工の山、飯塚市　1988年）

が吹けばひとたまりもなく倒れてしまいそうな有様だ。破れた壁には板片がうちつけられている。ガラスのない窓はこれも木片をつぎ合わせてふさいである。床や柱はどれもひどく傾いている。畳はなく、薄いムシロが部屋の一部分を覆っているだけだ。電燈もカンテラに代り、それすら一本五円のローソクで幾日も過ごすことが多い。

昭和三一年七月に廃山となってからすでに三年余を経た現在、なおここには行どころのない四〇世帯一八八人の人たちが細々と生きつづけている。この人たちは失対事業やボタ（引用注・屑石炭）拾い、煉炭作りなどの手間仕事で辛うじて命をつないでいるが、全部の世帯が生活保護を求めているほどに、毎日の食事にもこと欠くというのが実情だ。（中略）だが生活保護を支給されているのはわずかに十三世帯だけで、その他は役所の予算がないのを理由に、いまだに支給をうけられない。失対事業も拾い屋もせいぜい一と月五、六千円程度の収入で、平均四・九五人の家族では一日二食の食事さえ不可能だという。（中略）これから冬にむかってこの人たちは寝るフトンもなく、カヤにくるまって寝るより仕方ないという。

この荒廃は文中にあるように、「昭和三一年七月の廃山」によってもたらされた。その時点の、石炭鉱業審議会の答申による中小炭鉱の廃鉱基準は年産三〇〇万トンだった。さらに三三〇万トンへの改定を経て、この五九（昭和三四）年一月二七日に四三〇万トンへ引き上げられた。右の記事にある悲惨な炭鉱離職者がますます増えていく。石炭鉱業合理化臨時措置法による、体制的合理化の象徴になった。

七月一〇日、福岡県母親大会は炭鉱離職者救済運動を決議し、関係方面への働き掛けを始めた。そして一一月から年末にかけ、募金運動が全国的に展開された。「赤い羽根」の助け合い運動を参考に、石炭の黒色を用い、「黒い羽根運動」と名づけた。

時期を同じくして、一つの歌が世に出た。

〽追いつめられて
食いつめて
どんづまり

そのどんづまりで
追いつめられ
食いつめた

森田ヤエ子作詞、荒木栄作曲「どんづまりの歌」。戦争で食いつめ、国策に誘われ炭鉱に来て、また国策のため食いつめた。年老いた炭鉱労働者の妻の嘆きを歌詞にした。無力の民の、哀しみと憤りが詩にこもる。誰のための国策なのか。

森田ヤエ子さんも、国策に誘われて筑豊に来た。終戦二年後のある日、鹿児島県の指宿で職業紹介所の炭鉱労働者募集ビラを手にした。「米三合、麦二合」と書いてあった。母と弟の親子三人であたふたと荷物をまとめ、指宿を後にした。二〇歳のときだった。

それから一二年が経ち、この秋、ヤエ子さんが働く三菱鉱業上山田炭鉱の労働者たちは二年半後の終掘を会社から告げられた。筑豊の炭鉱がどんどん潰されていく。その現実を目の前に、「どんづまりの歌」を書いた。曲がついたのは初めてだ。作曲者の荒木栄さんはうたごえ運動の指導者として知られ、三池労組の製作支部に所属していた。

2　指名解雇通告

三井鉱山の第二次再建案

　希望退職の募集が六〇〇〇人の予定に対して一三二四人にとどまったことから、三鉱連本部は「極めて近い将来に首切りと対決するであろう」と想定した。そして「最悪の事態を避けるため」、首切り提案前に再建策を会社から引き出し交渉する、との方針を立てた。

　しかし、三池労組に真っ向から反対された。「二段階ではなく一貫しないと首切りは防げない」。一九五九（昭和三四）年七月二四日に開催の第一三回臨時大会で議論の末、本部は方針を改めた。「賃金分割払い、期末手当未解決、今後の第二次合理化提案はどれも首切りにつながっており、六山の完全な意思統一のもとで会社の攻撃と対決する」。

　弱気を秘めた三鉱連に対し、会社は八月二八日に四五八〇人削減の第二次再建案を提示した。内訳を、三池二二一〇人（在籍人員比一五パーセント）、田川七三〇人（九パーセント）、山野九〇人（二パーセント）、砂川五六〇人（一二パーセント）、芦別四五〇人（一〇パーセント）、美唄五四〇人（一六パーセント）とする。賃金や福利厚生に関しても、他社の水準まで引き下げる提案をした。加えて、工作機械業種の三池製作所を分離独立させる計画も含めた。三池労組の製作支部が消滅することになる。

　一方の三社連に対しては人員削減を不問とし、賃金と福利厚生の見直しにとどめた。すでに第一次再建案で、職員の希望退職応募者が予定数を満たしていた。
過酷な人員削減の対象にされた三鉱連と、人員削減を求められない三社連とでは、六年前の一一三日闘争を勝利に導いた共闘は再現できない。両者を引き離す意図が第二次再建案に込められていた。

政府と財界の三井鉱山支援体制

会社が三鉱連に第二次再建案を提示した三日後、一九五九（昭和三四）年八月三一日に、石炭産業労使会議が開催された。席上、経営側は炭労に対し、「エネルギー革命による石炭危機を乗り切るため、四年後を目途に一〇万人の人員整理が必要」との見解を表明した。のちに政府諮問機関の石炭鉱業審議会が、「一一万人」と公式に見積った。以来、「一一万人合理化」と呼ばれるようになる。

こうして四五八〇人整理の三井鉱山第二次再建案は、炭鉱労働者を一一万人削減する体制的合理化の先導役になった。その成功のためには、日本最強の労働組合と目されている三池労組の壊滅を図らなければならない。三池労組が潰れると炭労の闘争力が弱まり、ひいては総評が弱体化する、との読みが政府と財界に働いた。

日経連は「三池炭鉱の実態」と題する文書を大量に配布し、世論形成を図った。いわく、「石炭宝庫をもちぐされにしている最大の理由は、職場闘争の名でおこなわれる業務阻害行為であり、職場秩序を無視した強引な職場要求である。このような悪質な業務阻害分子を排除しないかぎり、三池の再建はおぼつかない」。三池労組への挑戦状になった。

政府は九月四日の閣議で三池の治安対策として、労働関係閣僚懇談会に法務大臣や国家公安委員長を加えることにした。そしてこの日、福岡県警察本部の機動隊は三池労使の衝突を想定し、ピケ隊排除の訓練を和白汐浜海岸で行なった。

石炭一八社の社長会は九月一六日に、「三井の販売市場を侵害しない。三井炭の需要企業用として救援炭を供給する」との支援方針を決めた。六年前の一一三日闘争で三井鉱山が顧客離れを招き、指名解雇の白紙撤回に追い込まれたことを教訓とする支援策決定だった。

三井銀行や勧業銀行など八行も、三井鉱山への協調融資を申し合わせた。

三鉱連の非常事態宣言

第二次再建案をめぐる会社と三鉱連の団体交渉は、再建案提示の一九五九（昭和三四）年八月二八日に始まった。しかし会社が再建案の全面実施を繰り返し主張したため、一〇月七日に三鉱連が交渉の打ち切りを宣告した。すると会社は四五八〇人の削減に関し、「指名解雇もありうる」と脅しを掛けた。その一言で、団交打ち切りが団交決裂になった。

三鉱連は一〇月九日に、非常事態を宣言した。


……今日なお依然として全国出炭の一三％を占め、販売の一五％を握る三井鉱山が敢えてこのような手段を選ぶことは明らかにわれわれに対してかつての三井王国を築いた隷従を再現しようとする攻撃であると断ぜざるをえないものである。茲に提案事項の一方的強行と指名解雇を宣した会社の不遜に対して三鉱連傘下四万の組合員とその家族は最後の血の一滴をつくしても闘い抜くことを宣言する。

一九五九年一〇月九日

全国三井炭鉱労働組合連合中央闘争委員会

そして三鉱連はそれまで実施してきた毎週火曜日と金曜日の昇坑時一時間五〇分ストライキに代え、火曜と金曜に二四時間ストを反復することにした。

第二次希望退職の募集

三鉱連の非常事態宣言から三日後の一九五九（昭和三四）年一〇月一二日、会社は四五八〇人削減目標の第二次希望退職募集を開始した。募集要領は掲示で各山の鉱員に伝えた。そのうえ特に三池では一〇種類一八万枚のビラを用意し、街頭配布で応募を呼び掛けるとともに、ヘリコプターや軽飛行機を使って社宅の上空からばら撒いた。

一方で三社連は一〇月二二日に炭労に対し、「これ以上闘うべきでない」と文書で主張した。併せて、三鉱連の闘争に構うことなく三社連の単独妥結に向け、妥結権の委譲を求めた。妥結すれば、兵糧攻めが解除される。炭労の闘いの、足並みの乱れが始まった。

一〇月二六日、会社は募集を締め切った。応募者は三池で一四二人（予定人員比六パーセント）、田川で七四八人（一〇三パーセント）、山野で九一人（一〇二パーセント）、砂川で一四八人（二六パーセント）、芦別で一五八人（三五％《パーセント》）、美唄で八一人（一五％《パーセント》）、計一三六八人（三〇％《パーセント》）となった。

田川と山野が予定数を満たしたものの総数が三割にとどまったため、会社は三鉱連に指名解雇協議の団体交渉開催を申し入れた。

「思想合理化」への変質

団体交渉の申し入れを受けた三鉱連は再開団交を指名解雇撤回の機会と捉え、一九五九（昭和三四）年一〇月二七日の団交再開に応じた。しかし会社は、指名解雇実施の方針を曲げなかった。しかもとりわけ三池に言及し、「三池の人員整理は数のみならず質も問題」と公言した。「質」は六年前の一一三日闘争のとき以来の、会社のこだわりだった。

会社が「質の問題」を前面に立てたことで第二次再建案は、人員削減による人件費縮小という当初の経済合理化の目的が薄れ、三池労組を攻撃する「思想合理化」へと変質した。もとより財界総本山の日経連は、いち早く三池労組への挑戦状を発していた。

職場闘争での「業務阻害」を理由とする懲戒解雇についても会社は先の三川鉱本層下部職場分会長一人に続き、一〇月三日に三川鉱二四昇職場分会長三人、さらに一一月六日に三川鉱開発部職場分会長ら六人の解雇協議を三池労組に申し入れた。計一〇人になる。

一一月一〇日、炭労の原茂委員長と三鉱連の畠山義之助委員長による会社側とのトップ交渉が開かれた。しかし二日後に決裂した。

総評は、「三池の指名解雇が日本労働運動の今後の方向を決する」との認識のもとに総力で支援することにし、三池労組への闘争資金として総評加盟三六〇万組合員の一人三〇〇円カンパを一一月一九日に決めた。一〇億円の調達を目指す。

中央労働委員会の第一次斡旋案

トップ交渉の決裂に伴い、中央労働委員会の中山伊知郎会長は事態の早期収拾を図るため、職権による斡旋案を一九五九（昭和三四）年一一月二一日に労使双方へ提示した。

一、生産阻害のもとを排除することは再建の根本と思われるので、会社、組合は協力して職場の規律を確立し、生産目標の達成に努める。
二、人員整理については会社原案の数字（三池については二二一〇人）の実現を期し、一〇日の期限をもって希望退職者の募集を行なうこととし、この募集について組合はこれを妨害しない。
三、退職希望者が予定人員に達しない場合は本社と炭労および三鉱連との間で別途協議することとし、この協議が整わない場合には本斡旋員の裁定によって決定する。
四、四名の懲戒解雇者ならびに六名の懲戒解雇を申し入れられた者については今回に限り本社、炭労ならびに三鉱連の三者のトップ会談に移して協議する。（後略）

第二項で指名解雇を希望退職募集に代え、しかも第三項で会社の強行を認めず、懲戒解雇についても第四項で再協議を促した。
強硬姿勢を堅持する会社は一一月二五日に、受諾拒否を中労委に伝えた。

三池の指名退職勧告

会社は斡旋案拒否を回答した翌日、一九五九（昭和三四）年一一月二六日に指名解雇の前段措置として、三池のみを対象とする希望退職の最終募集に踏み切った。三池を除く五山に関しては、一カ月前の希望退職募集で予定数を満たした田川と山野はもとより、予定数にはるか及ばなかった砂川、芦別、美唄も募集の対象外にした。

もはや会社にとって削減人員の総数は二の次となり、三池労組への攻撃が最大の目的になった。同時にこの措置は、三鉱連内における三池労組と五山との、心理的分離を強めることになる。すでに三年前の到達闘争を機に、心理の溝が浮き彫りになっていた。

一二月一日、会社は三池の希望退職募集を締め切った。応募者はわずか一〇〇人しかいなかった。直ちに会社は翌日、一四九二人に退職勧告書を発送した。「期日までに退職届を提出すれば、特別加給金を支給する」、との自主退職の誘いを書き添えた。三池炭婦協の結成で教宣活動歴のある三川支部執行委員の竹脇忠雄さんにも、退職勧告書が郵送された。

退職勧告書一括返上デモ

指名退職勧告書を突きつけられ、怒りに燃える三池労組は一九五九（昭和三四）年一二月八日に、組合員と主婦会員ら三万六〇〇〇人による退職勧告書一括返上デモを行なった。そして被通告者一四九二人のうち一四七一人から提出された退職勧告書を、会社施設の山ノ上クラブ前広場で焼き払った。その模様を、一二月一三日付の機関紙『みいけ』は次のように報じた。

行け、山ノ上クラブに。
一斉にプラカードをかついだ。赤旗をおしたてた。三万が立ち上ってスクラムを組んだ。
（中略）
デモ隊の先頭はぐいぐいとかなり急な登り坂をかけ上った。足どりは力強くスクラムは固い。
東京都中央区日本橋室町
三井鉱山無能経営社
　栗木　幹　殿
配達証明　速達
　三鉱労組本所支部
　優良鉱員一同
無能経営者退陣を要求する大きな封筒型のプラカードがぐんぐんと坂を上っていく。
みんなに来た本物の指名退職勧告状をつめこんだ千両箱がゆれながら坂を上っていく。（中略）

デモ隊は、クラブの門前をグルグルとまわった。
怒りが高まっていく。
憎しみがたぎってくる。
　火がついた。
　燃えあがった。
　焔がめらめらとあがる。
　栗木幹がもえている。
ふたつめのプラカードが火の中に投げこまれた。
　若林寿雄に火がついた。（引用注・若林寿雄は三池鉱業所所長名）
そのまわりをグルグルとデモ隊はまわる。
ワッショイ　ピッピイ
こみあがってくる感動
涙と汗と、涙が流れる。

勧告状をつめこんだ千両箱のみこしをかついだ行動隊の青年がのけぞるようにまわる。
わきあがってくる感動とふきでる汗をそのままに、のけぞりながらまわる。
まわりながら、たくましい、きたえられた労働者になっていく。
闘いの中で、若者のたましいはきたえられる。

嵐の中で若者の心は美しくなっていく。（中略）

つぎつぎにプラカードが投げこまれ、焔がそれをつつんで
千両箱を闘魂が灰にした。
怒りの焔が勧告状をもやしつくした。

熱気をおびた灰が残って、勧告状がなくなった。
その灰を見たとき
資本家の敗北を見て
おれたちは勝利を確信した。

一二〇二人解雇

退職勧告書一括返上デモの翌日、一九五九（昭和三四）年一二月九日に会社は、退職勧告書に書き添えた自主退職の応募を締め切った。二一四人が応じた。会社は未提出の一二七八人に対し、解雇通告書を一二月一〇日に発送した。これにも特別加給金による自主退職の誘いを添えた。七六人が応じた。一二七八人から七六人を差し引いた一二〇二人を、会社は一二月一五日付で解雇した。竹脇忠雄さんも解雇された。

一方で三社連は、この間の一二月七日に会社と第二次再建案受け入れの協定を締結し、炭労の

戦線から離れて会社側に身を寄せた。

ロックアウト通告と無期限全面スト通告

決戦の年、一九六〇（昭和三五）年一月五日に三池労組は、組合員と主婦会員など三万五〇〇〇人による指名解雇返上総決起大会を山ノ上クラブ前の広場で開催した。そしてヘリコプターで、一二〇二人の解雇通告書を上空からばら撒いた。徹底抗戦の宣言となる。

対する会社は一月一三日に全山の所長を東京に召集し、三池鉱業所のロックアウト（事業所閉鎖）を決めた。三池労組員の就労を拒否し、組合側を経済面で疲弊させ、降参させる。一月二三日、会社は三鉱連と三池労組に一月二五日ロックアウト開始を告げた。

対抗して三池労組は、無期限全面ストライキ突入を会社に通告した。そして闘争本部の建物正面入口に横断幕を掲げ、「去るも地獄　残るも地獄」と書いた。

その一九日前、一月六日に、日米両政府による安保条約改定交渉が合意にこぎつけた。さっそく岸信介首相が一月一九日に渡米し、ホワイトハウスで新安保条約と新協定に調印した。国会審議へと舞台を移し、安保闘争と三池闘争が緊迫の度を一段と高めていく。

そして三池闘争で、三池労組の組織に亀裂が走った。

3 分裂

価値観の相違

七年前の一九五三（昭和二八）年、一一三日闘争中に全国民主主義労働運動連絡会議（民労連）のビラが三池で多く撒かれた。「勝てもしない斗争を継続することにより無駄な犠牲を組合員に強いる破壊戦術だ。早急に条件斗争に切り替えるべし」。

民労連はその年の二月一四日に結成され、一二組合七五万人を擁していた。総評と一線を画す。翌五四（昭和二九）年四月二二日に、全日本労働組合会議（全労会議）へ改組した。

その五四（昭和二九）年に、三池労組は職場闘争を始めた。そして執行部内で、価値観の違いによる意見の対立が生じた。翌五五（昭和三〇）年六月、職場闘争批判の菊川武光副組合長が本部を去り、出身支部の三川で支部長選挙に立候補した。しかし当選できなかった。

一方でこの五五（昭和三〇）年に、日本生産性本部が発足した。日経連などの経済団体を主体としてアメリカ経済に学び、総合的な生産性向上を目指す。日本政府も後押しした。生産性本部は労働団体に対しても、生産性向上運動への協力を求めた。総評は、生産性向上運動が労働強化や賃金引き下げ、首切りにつながるとして反対し、参加しなかった。逆に全労会議は積極的に関わった。

次の五六（昭和三一）年に、三池労組は到達闘争に取り組んだ。三鉱連による成果のない幕切れとなり、三池労組員に不満が広がった。そして職場闘争が勢いを増した。

翌五七（昭和三二）年、宮浦支部の野方重義支部長が役員改選で落選し、四山支部の山崎与一支部長も敗れた。さらに次の年、港務支部の山下一二支部長が敗退した。港務所には石炭運搬船が定期的に出入りする。その乗組員の労働組合が全労会議に加盟している関係で、山下支部長は全労会議の本部役員と交流を深めてきた。

水面下の分裂工作

菊川武光元副組合長をはじめとする役員選挙落選者たちは、秘かに批判派を形成し、水面下で勢力の拡大を図った。

指名解雇された一二〇二人の一人の竹脇忠雄さんは解雇通告を受ける前、すでに野に下っていた菊川元副組合長から同じ三川支部のよしみで呑みに誘われたことがある。そして帰り際に菊川元副組合長が金を払わず、伝票にサインで済ませているのを見た。〈会社に回しとるッ〉と直感した。これを機に、竹脇さんは菊川元副組合長との交友を断った。

そのような水面下での人脈工作を伴いながら批判派は、会社が「三池は数のみならず質も問題」と公言したのを機に、少人数のグループ会議をいくつもの拠点で頻繁に開くようになった。批判派への入会勧誘ビラの配布打ち合わせ、入会しそうな者の名簿作成、などをする。その名簿が会社の副長のもとに集まり、会社は三池労組員一人ひとりをAからDの四段階に格付けし、攻略作戦を立てた。

会社と批判派の仲立ちを、職員がした。職場闘争で吊るし上げを受けてきた職員には、三池労組に対する恨みがある。すでに退職した元職員も、夜陰にまぎれて社宅に出入りした。気弱な組合員に元上司という立場で脅しをかけ、批判派へ引きずり込む。

こうして分裂工作は、水面下ながら大規模に進められた。

一方でこの間に、大牟田再建市民運動本部という名称の保守系団体が企業や商店主などを糾合し、三井鉱山応援団としての活動を始めた。「ストでつぶすなわれわれの郷土」を合言葉に、「赤旗と対立闘争と不況の町より真の平和と自由と繁栄の町へ」「全市の労働組合が思想改造による生産性の向上に協力する民主的組合へ」などを運動目標とする。

右翼団体の「灯をともす会」も街宣車を走らせ、三池労組批判活動を始めた。

執行部への反旗

会社がロックアウト通告をする六日前、一九六〇（昭和三五）年一月一七日に、久留米市内で佐野博講演会が開催された。佐野は戦前の左翼運動家で、獄中転向し、戦後は労働組合に対抗する立場で活動していた。久留米の講演会に、三池から七〇余人の組合員が参加した。講演のテーマは「第二組合のつくり方」。講演終了後に弁当と一合瓶の酒が出て、会社の経理職員が参加者に一人五〇〇円を渡した。

二日後の一月一九日、会社は希望退職と一二〇二人解雇に伴う職場の人員配置是正を名目として、目当ての鉱員に配置転換を告げた。すると、三池労組の拒否指令に反して四山支部の組合員数人が配転の意思を表明し、職制に守られながら新職場への就労を企てた。他の組合員多数が抗議して配転を阻止したものの、衆目の面前における大胆な利敵行為となった。

三池労組は無期限ストライキ突入後の二月九日に、「緊急警戒態勢の確立に関する指示」を発した。①地域分会員の行動を完全に掌握し、支部闘争委員長の指示に即応できる態勢を確立せよ②組合員は、組合主催以外の諸集会に参加する場合、必ず分会長を通じて支部闘争委員長の了解を得ること　③炭労の組織的運命につらなる今次闘争の推進を阻害するなどの利敵行為に走る者については、厳重なる統制権の発動を行なう。

この指示にもとづいて各支部は不審な行動をする者に対し、監視や詰問を強めていった。

しかしもはや覆水盆に返らず、四山支部の四〇人余りが二月一二日に四山支部配転同志会を結成した。会社の副長が同席して三池労組を批判し、「配転希望者が会社側につけば最後まで面倒を見る」と言って安心させた。そして酒席に切り替え、盃を交わし励ました。

二月一五日、三川支部の保安発破分会で、三池労組の緊急警戒態勢による締めつけのきびしさを批判する声があいついだ。発破係は技術職なので、職務上、職員と接触する機会が多かった。会社からも職員への昇格を餌に、肩叩きされやすい立場にあった。三川、宮浦、四山の三支部で計四〇〇人いる保安発破鉱員のほとんどが、批判派に傾いていた。

三〇〇〇人と一五〇人

三池に執行部批判の言動が広がる中、総評の太田薫議長のもとに三池駐在の若松不二男オルグから一通の秘密報告書が届いた。「批判派勢力およそ三〇〇〇、さらに拡大のおそれあり」と書いてあった。三池労組一万三〇〇〇人の二割を超す。若松オルグは三井鉱山新美唄労組の出身で、三鉱連の初代事務局長を務めた経歴があり、三池に人脈を持っていた。その人脈を情報源とする三〇〇〇の、精度はかなり高かった。驚いた太田議長はそのことを炭労本部に伝え、対応策を打診した。

そのような状況のもとで一九六〇（昭和三五）年二月一五日に、炭労の第二四回臨時大会が開催された。来賓あいさつで総評の岩井章事務局長は三池の批判派勢力について触れ、第二組合結成に対する備えの必要を説いた。しかし三池労組の宮川睦男組合長は大会二日目に代議員の質問に答え、「組合で調べたら一五〇人ほどで、まだ問題にならない」と不安を振り払った。

三〇〇〇人と一五〇人という危機感の違いを浮き彫りにしつつ、炭労臨時大会は春闘方針と、三池労組ならびに日鉄鉱業二瀬労組へのカンパを決定した。カンパは大手一四社労組の全組合員が二月以降闘争終了まで一人月額六〇〇円、三鉱連の三池を除く五山組合員は四〇〇円付加する。カンパを免除された中小炭鉱の労働組合も、一人最低一〇〇円のカンパを自主的に申し合わせた。先に決定の総評のカンパとともに、三池労組員の一万円生活維持などの、闘争推進の貴重な財源になる。

一方で三池の職員が加盟する三社連は、三池労組へのカンパを拒否することにした。炭労本部から「大会決定に背く統制違反行為、自主カンパの中小炭鉱労組に顔向けできない反労働者的行為」と批判されながらも、拒否の方針を変えなかった。

主婦会分裂と三池労組の非常事態宣言

炭労臨時大会の八日後、一九六〇（昭和三五）年二月二三日と二四日に東京で、三田村四郎主催の短期労働大学講座が開催された。佐野博と同じ経歴を持つ三田村の講座に、会社は三池の七六人を送り込んだ。「三池労組の第二組合を結成するための会議でした」と、参加者がのちに証言した。旅費も宿泊費も、参加者が身銭を切ることはまったくなかった。

三月三日、三川鉱の原万田社宅に住む保安発破鉱員の妻一五人が、三池主婦会に脱退届を提出した。主婦会の分裂が始まった。

翌日には三川支部の小川開地域分会で、分会員五〇余人のうちおよそ三〇人が分会長に対する不信任状に連署し、分会長に手交した。分会長が会社の指名解雇通告を受け、拒否していることを不信任の理由とする。指名解雇された仲間を守るのではなく、突き放した。

このような批判派による一連の動きに対し、三池労組は三月五日に統制強化の方針を決めた。「組織の統制を乱し、闘争態勢を弱化する利敵行為については執行部が懲戒委員会に提訴する。提訴の内容は全組合員に明示し、闘争終了後に懲戒委員会で審議する」。

それでも批判派の勢いは止まらなかった。三月七日、四日前に三池主婦会分裂の口火を切った原万田社宅で、またも二八人が主婦会を脱退した。港務支部の万田駅地域分会では、先の三川支部小川開地域分会と同様の分会長不信任問題が起きた。

三池労組は三月九日の中央委員会で、統制の一層の強化を決定した。「懲戒委員会に提訴された者や闘争業務に服さない者にはカンパ金（生活貸付金）を支給しない。統制処分は闘争終了後に先送りせず直ちに実施する」。併せて、非常事態を宣言した。「首切りをはね返す力が労働組合の基本であることを再確認して、全国の仲間たちとのスクラムをさらに固め、いかなる妨害をも排除して断固反撃に起ち上がる。歴史的な団結を汚す獣のような『脱落分子』に対しても、勝利するため容赦なくその不当を追求する」。

しかし統制の強化は、批判派にさらなる批判の口実を与えることになった。翌三月一〇日、宮浦支部天道地域分会の批判派一三人が朝の分会会議への出席を拒否し、直後に妻たちが主婦会を脱退した。脱退者たちは二時間後に、昼のテレビニュースに映し出された。護国団という右翼団体の事務所に身を寄せていた。

批判派の臨時中央委員会開催要求

三池労組の非常事態宣言から二日後の一九六〇（昭和三五）年三月一一日、宮浦支部の野方重義中央委員ら一四人が組合本部を訪れ、臨時中央委員会の三月一五日開催要求を文書で提出した。三川支部の菊川武光中央委員ら六九人の、署名が添えられていた。中央委員会開催請求の要件を満たす人数だった。批判派のリーダーたちがここで前面に出た。

大牟田再建市民運動本部は批判派を、「三池炭鉱再建同志」と呼んで歓迎した。そして三月一三日に支援市民大会を開催するとともに、ビラ一〇万枚を空からばら撒いた。

同じく三月一三日と一四日には、三田村四郎主催の短期労働大学講座が福岡市内で開催され、会社は批判派二八〇人を送り込んだ。山野と田川からもそれぞれ一〇人が参加した。

三池労組分裂

臨時中央委員会開催の一九六〇（昭和三五）年三月一五日、大牟田市体育館周辺は朝から異様な雰囲気に包まれた。正面入口前に座り込む批判派三〇〇〇人、それを両側から挟むように主流派六〇〇〇人が東西の出入口前に陣取った。大牟田再建市民運動本部が「再建の春　勇士起て」と書いたアドバルーンを揚げ、多数の街宣車を並べ、批判派への激励を続けた。「灯をともす会」の街宣車もせわしなく動き回った。

群衆から離れた芝生の上で、宮川睦男組合長と批判派の菊川武光中央委員が前組合長の阿具根登参議院議員の仲介で会談をしていた。阿具根議員が菊川委員に、「中央委員会で何を言いたいのか？」と聞いた。菊川委員は、「ストを中止し、法廷闘争に切り替えるよう提案する」と答えた。即座に宮川組合長が「そんなことをしたら一二〇〇人の首は守れん」と切り捨てた。菊川委員は、「今日は採決せず、後日に全組合員の無記名投票で決めてもらいたい」と要望した。阿具根議員は良い方法だと思った。宮川組合長に「どうだ？」と聞いた。組合長は黙認した。

会談が終わり、三人が会場に入り、午後二時三三分に臨時中央委員会が開会された。灰原茂男書記長が臨時中央委員会の開催に至った経緯を報告した。

続いて菊川委員が演壇に立った。激しいやじと怒号が起きた。菊川委員は冒頭で総評を「階級闘争至上主義」と批判し、全労会議を「民主的経済闘争主義」と称えた。次に石炭産業の斜陽論を唱え、労使協調による企業存続の必要性を説いた。そしてそれらの情勢判断を基調に、今次闘争の戦術転換を提案した。①ストライキを中止し、会社に交渉再開を申し入れる ②解雇拒否者の希望退職を認め、会社に再就職を保証させ、彼らの生活費の組合貸付金を会社の責任で処理させる ③残余の解雇拒否者についてては法廷闘争に移し、最後まで闘う。そして菊川委員はこの提案の取り扱いについて「全組合員による無記名投票」を付言し、およそ三〇分の演説を終えた。

これに対し炭労の原茂委員長がこの闘いの最高指導者の立場から、炭労の見解を次のように述べた。

一、炭労の闘争は階級闘争至上主義でもなければ、好き好んで闘っているのでもない。むしろ常に妥協的ですらあった。しかし首切りだけは労働者同士の固い団結で守り合わなければならない。

二、石炭は大幅貯炭減で斜陽論が吹っ飛んでしまった。エネルギー源の中で石炭の占めるパーセントは確かに減るが、総出炭量は現在より年々増産されていくので、我々が三年間に一一万人も首を切られる理由はない。

三、炭労は早期解決をもちろん望んでいる。会社がロックアウトをやめてくるなら別だが、組合の方からストを中止し団交に移せと頼みこむことは、会社を増長させるだけでなく、三鉱連と炭労が実力行使の準備を完了し全体スト寸前にある現在、かえって解決を遅らせるだけである。

四、法廷闘争というのは首切りを認めることに通じ、いままでの多くの経験からしても法廷闘争で事が解決されはしない。労働組合運動を圧殺しようとする非常識な三井鉱山はいまや、営利を無視した「思想会社」ではないか。さらに会社が「生産阻害」という無実の罪名を着せた人たち一二〇〇人の就職斡旋など、いまさら会社が交渉に応じるはずは絶対にない。

五、組合内の相互批判は自由だが、今まで正式機関で一言も言わず、ここでいっぺんに持ち出して闘争方針を一挙に変更させようとすることは、組合民主主義の立場からいっても好ましくない。みんなの力を合わせて作り育ててきた労働組合を、いまみんなの団結の砦となっている労働組合を分裂させることだけは絶対に許せない。菊川委員提案の戦術転換は、炭労の立場から応じられない。

続いて三池労組の灰原茂雄書記長が、菊川委員に対する答弁に立った。炭労原委員長の見解が三池労組執行部と一致する、とし、「今次闘争を勝ち抜くために、どうしたらいいのかを考えてもらいたい」と中央委員に求めた。

午後四時三〇分、質疑に移った。両派の激しい応酬が続いた。

午後七時、議論が出尽くしたのを見計らい、宮川組合長が演壇に向かった。「首切り反対で一致できるのであれば、歴史ある三池労組の統一を守る基本に立って意向集約してもらいたい。執行部として反省すべき点は率直に反省する」。この場で結束を固める必要があった。無記名投票には言及しなかった。

議長が採決を宣告した。すると菊川委員が立ち上り、何か言った。それを合図とするかのように、批判派中央委員六九人中六八人が一斉に退場を始めた。阿具根議員が「出てはいかんッ」と制止した。しかしすでに怒涛の一団になっていた。

こうして、三池労組は分裂した。

4　会社の生産再開準備と三鉱連の後退

第二組合の結成

三井鉱山の編著による『資料三池争議』は、一九六〇（昭和三五）年三月一五日に批判派中央委員六八人が退場したときの、会場の外の様子を次のように書いている。

中央委員会が長びき、ようやく会場周辺が暮色につつまれはじめたころ、批判派は陸続として会場正面広場に集まり、午後七時ごろには約三、五〇〇名に達していた。彼らは（中略）速成の宣伝カーを中央に、批判派委員の総退場を今や遅しと待ち構えていた。この中には、すでに三池労組に辞意を明らかにした執行委員一二名、政治局員五名も含まれ、批判派の統制に当たっていた。

午後七時一〇分、会場のどよめきがひときわ高まり、批判派中央委員六九名は、体育館正面玄関のドアをけ破って、退場してきた。批判派は割れるような歓呼の嵐の中にこれを迎え入れた。

文中の「総退場を今や遅しと待ち構えていた」「すでに三池労組に辞意を明らかにした」「割れるような歓呼の嵐の中にこれを迎え入れた」との記述は、批判派中央委員の退場が突発的なものではなく、事前の行動計画にもとづいて実行したことを語っている。無記名投票の要求は付け足しに過ぎなかった。中央委員会の進行状況は傍聴者を通じ、会社の労働課長に逐一報告されていた。批判派三〇〇〇人の一群は三池労組の鉢巻を外して捨て、大牟田再建市民運動本部の街宣車に守られながら市内をデモ行進した。「これが再建同志の行進です」と、市民運動本部のマイクが誇らしげに市民に伝えた。

そしてあらかじめ会社の職員が予約済みの大牟田市民会館に到着し、「刷新同盟」の結成大会を開いた。スローガンを書いた紙がすでに用意されており、それを舞台の正面に掲げた。①統制に名を借りた人権蹂躙と闘う　②三池労組を組合員の手に返せ　③三池労組の徹底的刷新と民主化推進　④階級闘争至上主義の排除　⑤今次闘争の即時解決。

二日後、三月一七日に刷新同盟は再び市民会館に集まり、「三池炭鉱新労働組合（新労）」の結成大会を開催した。二日前の刷新表明は、掛け声だけで終わった。刷新ではなく分離独立がそもそもの目的だった、と想定つく。菊川武光組合長、野方重義副組合長、山下一二副組合長、山崎与一副組合長の布陣は、かつて三池労組の支部長選挙で敗北した者たちの集まりとなった。組合員数を三〇七六人と発表した。会社は『資料三池争議』にこう書いた。「三池における批判勢力の育成と、新労の誕生には、三社連なかんずく三池職組の果した役割は、極めて大きいものがあったことを忘れてはならない」。

三池労組は新労を、「第二組合」と呼ぶことにした。

会社の策謀

四山支部に、カッペ採炭分会という職場分会があった。その分会長は木村正隆支部長によると「戦闘的職場闘争指導者」で、「入坑遅延の常習犯であった。彼は職制の言葉づかいが悪い、工具が悪いといっては支部に無断で分会員を座り込ませ、執行部の入坑指示のことごとくに反発した」。ところがその「戦闘的指導者」は、会社による再建案の提示や三川支部職場分会長への懲戒解雇通告で我が身の危険を感じ、態度を一変して批判派の活動に加わった。

「ほとんど全部、ああいう奴は最初に第二組合に入って行ったたい。会社の策謀のごたる気がするなあ、俺は」

三池労組三川支部の林田繁行さんは、そんな疑念をずっと抱いてきた。会社は彼らを泳がせ、「職場闘争による業務阻害」という三池労組攻撃の口実を作ってきたのではないか、と林田さんは思う。

そして会社は、他のまじめな職場活動家を指名解雇の対象にした。労働災害で死亡した父親に

三池港（大牟田市新港町　1980年）

代わり採用されて一年半、事務部門で精勤に努め懲罰を受けたこともないのに指名解雇された組合員がいる。考えに考えて、ようやく思い当った理由らしきものは、組合の学習会にきちんと出席したことだった。「思想合理化」で活動家の芽を摘み取る。

炭労のスト指令

三池労組が分裂した日、一九六〇（昭和三五）年三月一五日に総評は、福岡、熊本、佐賀にある産業別組合（単産）本部に対し、連日五〇〇人の動員を指示した。炭労も独自に動員を指令し、三月一七日から五〇〇人が三池に入った。合わせて一〇〇〇人が三池労組員とともに、三川鉱、宮浦鉱、四山鉱の各門で第二組合員の強行就労に備えてピケット（ピケ）に就く。三交替の二四時間態勢を敷いた。

そして炭労は三池闘争と春闘の決戦に向け、

三月一八日にストライキ指令を傘下の各組合に発した。四月一日に三鉱連が二四時間スト、四月五日に三鉱連を含む大手労組が二四時間スト、さらに四月七日から四八時間スト、四月一一日から無期限ストに入る。

このとき日本経済は、「岩戸景気＝神武以前の、天の岩戸が開いたとき以来の好景気」に二年前から浴し、石炭の需要が拡大の一途をたどっていた。しかし三池鉱業所では二カ月に及ぶ生産停止のため、貯炭が底をつく状況にあった。大牟田の石炭コンビナート各企業へ供給を続けるには、石炭他社からの救援炭に頼るしかない。その必要量を三井鉱山は一日四〇〇〇トンと見積もり、三〇〇〇トンを海上から、一〇〇〇トンを陸上から大牟田に搬入する、との計画を立てた。

その計画をストによる救援炭の生産放棄で無効にし、三井鉱山を徹底的に追い込む。総評も救援炭の輸送を阻止するため、輸送関係共闘会議を三月一九日に発足させた。国鉄労働組合（国労）、国鉄動力車労働組合（動労）、全日通労働組合（全日通）、全日本港湾労働組合同盟（全港湾）、日本私鉄労働組合総連合（私鉄総連）ならびに炭労の、六単産で構成する。

一方で三社連は三月一九日に臨時大会を開催し、炭労からの脱退を決めた。

第二組合と会社の生産再開協議

炭労のストライキ指令から六日後の一九六〇（昭和三五）年三月二四日に会社と第二組合（新労）は、第二組合結成八日目にして初の団体交渉を開催した。そして、「新労は会社再建のため誠意をもって早期解決に努力する」「会社は新労員に対するロックアウトを解除する」など、五項目の協定を結んだ。

さらに会社と第二組合は職員組合を交え、生産再開の実施計画について協議を重ねた。第二組合員三三二三人と職員五九二人を投入し、日産三五二〇トンを予定する。そのうち揚炭部門が連結されている三川鉱と四山鉱では、計二六八四人の第二組合員で二八五〇トンの生産をもくろんだ。一人当たり一・〇六トンになる。ちなみにロックアウト前の通常生産における三川と四山の合計生産実績は七四〇〇人で日産四〇〇〇トン、一人当たり〇・五四トンだった。従来の二倍に相当する労働効率を発揮しなければならない。高密度で長時間の、三池炭鉱における本格的な労働強化の始まりとなる。第二組合員の意見を聞かないまま、幹部の独断で決定された。労働組合が尊重すべき民主主義は、第二組合になかった。

生産再開の日時は、「三月二八日一番方（午前六時勤務開始）」に決まった。第二組合は三月二七日に組合員を大牟田市体育館に集め、結成後初の総会を開催し、就労方針を伝達した。組合員数は四八三一人で、第二組合結成時から一七五五人増えた。大半の者が「一万円生活に耐えられない」ことを理由に、第二組合へ脱落していった。

三鉱連の炭労スト指令返上

第二組合の就労を目前に、緊張がにわかに高まった。生産再開を無力にするには、先に決定の炭労ストライキ戦術が最大の武器になる。

ところが第二組合の総会開催日と同じ一九六〇（昭和三五）年三月二七日に、炭労にとってよもやの事態急転が起こった。三鉱連が、「炭労のストライキ指令を返上し、五山の労働条件について直ちに会社と第二次再建案の団体交渉を開始する」と決めたことによる。

五山の組合員は給料の分割払いと遅配に加え前年の夏と冬の期末手当が未解決のままなので、大手他社に比べ生活水準が大きく下回っていた。そのため会社の第二次再建案に合意すれば生活を他社並みに戻すことができる、との考えが支配的となった。もとより三池の組合員は会社のロックアウトで給料そのものがないにもかかわらず、仲間の一二〇二人首切りだけは絶対に許せないと歯を食いしばり、一万円生活で闘ってきた。その闘いをこれまで兄弟組合として支えた五山はここに至り、理屈よりも生活苦に伴う感情が先に立って抑えきれなくなり、スト指令返上を決めた。

こうして会社は兵糧攻めをもって、五山と三池の分離を成功させた。兵糧だけでなく心理面においても、三池労組と五山の間にくさびを打ってきた。

炭労の戦術転換

三鉱連のストライキ指令返上を受け、炭労は急遽、中央闘争委員会を開催した。そして、基本戦術の変更を決めた。スト指令を白紙にし、中央労働委員会への斡旋申請で三池の事態収拾と春闘の決着を図る。炭労最大手の三鉱連が闘いを放棄した影響は、深刻だった。

自ら斡旋を申請することは、日本最強の産業別組合を誇る炭労の歴史において過去に例がない。三池闘争の前途に、暗雲が広がった。

5 流血

警察と海上保安庁の警備体制強化

会社と第二組合による生産再開予定の前日、一九六〇（昭和三五）年三月二七日に福岡県警察本部は警備本部を大牟田警察署に設置し、警官隊三個大隊一〇〇〇人と機動隊一個中隊一〇〇人の体制を敷いた。熊本県警も荒尾署と合同で警備本部を設け、警官隊三個大隊を待機させた。海上保安庁も同日、海上警備本部を三池海上保安署内に置いた。

警官隊の大量増員に伴い、会社は待機場所を提供するため、福利厚生施設の保育園一六カ所を三月二八日に一方的に閉鎖した。会社の非情は一三〇〇人の幼い子らにも容赦ない。

四山鉱への強行就労

生産再開前日の一九六〇（昭和三五）年三月二七日、会社は夕刻までに、第二組合員三一一人を熊本県の三角港に集結させた。そして全員を船に乗せ、海上保安庁の警備船の護衛を受けながら午後七時に三角港を出港した。四山鉱の、港沖竪坑の北岸壁を目指す。

一方で同じ頃、会社は陸路を使い、トラック五台で三井建設の作業員二〇〇余人を港沖竪坑に向かわせた。陸路には、三池労組四山支部の組合員がスト破りに備えピケを張っていた。そこへトラック五台が進入してピケ線を破り、猛スピードで港沖竪坑へと向かった。そして入口で、作業員が鉄条網による陸路の封鎖工事を始めた。

ピケ隊がトラックの後を追った。福岡県警察本部の機動隊員と輸送車が待機していた。その横を通り過ぎ、駆け足の隊列で突き進んだ。突然、暗闇の中からヘッドライトの照射を浴びた。ひるむピケ隊に、作業員たちが襲いかかった。手に棒を持っていた。投石も受けた。ピケ隊は傷ついた者をかばいながら警察の機動隊がいる場所まで後退し、事態を説明した。機動隊は素知らぬ顔をしていた。ピケ隊は隊列を整え、トラックの作業員たちに立ち向かおうとした。すると今度は、機動隊がピケ隊に襲いかかった。

四山鉱の港沖竪坑（大牟田市四山町　1980年）

この騒ぎの間に海上では、午後八時一〇分に船が岸壁に接岸し、第二組合員三一一人が港沖竪坑に入った。

午後九時、東京で、炭労が中央労働委員会に斡旋を申請した。

三川鉱への強行就労

生産再開の日、一九六〇（昭和三五）年三月二八日午前六時半に、三川鉱の上空で打ち上げ花火が炸裂した。それを合図に、第二組合員一六〇〇人のうち六〇〇人が裏門に向かった。三池労組の裏門ピケ隊と対峙してピケ隊を釘づけにする。別の二隊の一〇〇〇人は、東仮設門を目指した。先頭の一隊が三池労組のピケ隊と対決し、その間に後続の一隊が東仮設門横の塀を乗り越え入構することになっていた。

第二組合の先頭の一隊が東仮設門の前を通り過ぎた。三池労組のピケ隊一五〇人が、第二組合の先頭部隊と後続部隊に挟まれる形になった。すると第二組合の先頭部隊が反転し、棍棒を手にピケ隊に襲いかかった。防戦するピケ隊に石灰とコショウの目つぶしを投げ、棍棒を打ち下ろした。塀の上からも職員がひるむピケ隊をめがけ、大きな石や坑木、スコップ、鉛の水道管などを投げつけた。「し」の字のように曲げた鉄の棒の先をとがらせ、ロープに結わえて叩きつける者もいた。ピケ隊に多数の負傷者が出た。

乱闘の間に、第二組合の就労組が塀をよじ登り、入構を企てた。ピケ隊が足を引っ張り、阻止に懸命となった。しかし第二組合の勢いが勝り、およそ四〇〇人が塀を越えた。

急を聞いて正門と裏門から三池労組の応援部隊が駆けつけた。多くの仲間の負傷に怒り、追撃のため塀をよじ登った。そして、第二組合員が集合中の繰込場を包囲した。投石で窓ガラスを割り、またも乱闘になった。形勢が逆転し、第二組合員が逃げまどった。

こうして三川鉱の強行就労は、凄惨な流血事件になった。

三川鉱強行就労の現場（三池労組提供）

三川鉱強行就労で三池労組ピケ隊への襲撃に使われた凶器（三池労組提供）

この日、会社は早朝に、三池労組に対する各鉱構内への立入禁止と就労妨害排除の仮処分を福岡地方裁判所に申請した。仮処分の決定には時間がかかり、その間の強行就労で三池労組ピケ隊との衝突発生が予測できた。従って流血を回避するには、仮処分の申請を当日の朝ではなく数日前にするのが常識となる。常識に反して乱闘と流血を招いた。

三池労組は次のように会社を非難し、徹底抗戦を声明した。

本日、三井鉱山は労働者同士が血を血で洗うという悲惨な現実をわれわれにおしつけてきた。特に暴力団数百名を雇い、こん棒・金棒・めつぶしなどの兇器類をもたせ、労資の紛争に介入させ、労働者に脅迫、暴行を加えさせたことは、全くその非常識もはなはだしいといわざるをえない。（中略）

われわれは会社に対し、法による正当な制裁を社会的に要求するとともに、組合ぶっつぶしの攻撃に対しては更に決意を新たにして強力に闘いつづけるものであり、なおも大量動員をもってスト破り・生産再開に徹底的に抗議抵抗することをここに声明する。

一九六〇年三月二八日

三池炭鉱労働組合

総評九州拠点大牟田共闘会議

一方の宮浦鉱では第二組合員四〇〇人が三池労組のピケ隊一〇〇〇人に阻止され、入門に失敗した。

久保清さん刺殺事件

三川鉱流血事件の翌日、一九六〇（昭和三五）年三月二九日の昼ごろ、土建業の山代組や寺内組などの組員およそ一三〇人が笹林公園に集まり、第二組合支援の決起集会を開いた。彼らは三井建設の下請業者として、三井鉱山とつながりがあった。

集会後、示威行動のため乗用車一四台、バス二台、トラック一台に分乗して第二組合員五〇〇人の拍手に見送られ、午後一時に公園を出発した。トラックには鶴嘴の柄や角材、鉄棒などが積まれていた。警察は、積載物や所持品の検査をしなかった。

車列は午後一時半に、三池労組本部に到着した。代表五人が事務所に入り、「第二組合員や主婦が村八分にされ、暴力事件が起こることに義憤を感じている」「うちの若いもんは、何するかわからんもんね」と一方的にしゃべり、五分で引き揚げた。

その後、三井鉱山の社宅を順に回り、「暴力をもって三池争議を解決する」などと気勢を上げた。そして四山鉱に向かった。南門の前で三池労組のピケ隊に対し、樫の棒を振り上げ、ある者は懐に手を突っ込み、「ピケを解け、いつでも相手になる」などと挑発した。

車列が正門前に近づいた。三池労組のピケ隊およそ二七〇人はスクラムを組み、労働歌を歌い、車列が充分に通れるだけの道幅を空け、通過を待った。

先頭から五台目の車が停まった。一人の男が鶴嘴の柄を持って、ピケ隊に向かって行った。ピケ隊にいた三池労組四山支部の執行委員ら三人がその男に近づき、話を始めた。すると車列から、

三池労組ピケ隊の前を走り抜ける暴力団員（三池労組提供）

四山鉱正門前の三池労組ピケ隊を襲う暴力団、この直後に久保清さんを刺殺（三池労組提供）

二〇人余りの男たちが鶴嘴の柄を手に駆けつけた。男たちは避難する三人を追ってピケ隊に突っ込み、素手のピケ隊を殴り始めた。

そのさ中に、暴力団員の一人が刃渡り二〇㌢の匕首《あいくち》を手に、ピケ隊の久保清さんの胸を突き刺した。倒れた久保さんの服がたちまち血で染まった。すぐにピケ隊の一人が久保さんを背負い、二〇〇㍍離れた三井三池鉱業所病院四山分院に運び込んだ。しかし傷が深く、心臓に達していた。

乱闘が続く中、防戦一方のピケ隊に久保さんの死が伝えられた。誰もが息を呑み、言葉を失った。そして我に返り、怒りの叫びをあげ、焚火の薪や旗竿で反撃を始めた。暴力団員らはその勢いに押され、後ずさりした。すると、塀の内側の建物二階から職員と第二組合員が鉄棒や木の棒などを暴力団に投げ与えた。三池労組は職員の氏名を特定した。

再び殴り合いになった。そこへ部落解放同盟のオルグ団がピケ隊の支援に駆けつけた。暴力団をピケ隊から引き離し、ピケ隊を自重させ、無用の流血を防いだ。

ようやく鎮まった現場に、警官隊がやって来た。

働く仲間の弔辞

久保清さん、享年三二歳。寡黙な坑内機械工で、責任感が強く、三池労組四山支部第一分会第二班の班長として闘いの先頭に立ってきた。そして四山社宅に母と、妻と、長男と、長女と、妹を残し、命を奪われた。四山鉱の正門から病院に至るコンクリートの道路には、鮮血が点々と続いていた。

久保清さん刺殺現場の四山鉱正門（大牟田市四山町　1988年）

久保清さんの葬送デモ（三池労組提供）

久保清さん刺殺事件は、全国に怒りの渦を巻き起こした。事件の翌日、一九六〇（昭和三五）年三月三〇日の夕刻に東京で、総評主催の抗議集会が開かれた。三〇〇〇人が怒りを込め、三井鉱山に対する抗議文を採択し、同社の本社に向けてデモ行進をした。「人殺しの三井鉱山は責任を取れ！」「久保清さんを返せ！」とのシュプレヒコールが、ビルの谷間に響き渡った。

その東京でその日、三鉱連は三井鉱山と第二次再建案に関する団体交渉を四カ月ぶりに再開した。仲間の久保清さんが殺された翌日だった。

三池では三月三一日に、三池労組主催の仮葬儀が営まれた。雨が降る肌寒い中、一〇〇〇人余りの組合員と主婦会員が式場に集まった。喪章を結んだ数十本の組合旗が雨に濡れ、重く垂れていた。組合歌「炭掘る仲間」の合唱で葬儀が始まった。みんな、涙を新たにした。そして再び、決意を固く胸に秘めた。

四月五日、久保清さんの死を悼む総評・炭労・三鉱連・三池労組の合同慰霊祭が大牟田市民会館で催された。総評の太田薫議長は弔辞で、「資本家と警察がぐるになって雇った暴力団が勇敢なあなたの胸に血と金で汚れたナイフを突き刺した。彼らは全日本の労働者階級を殺すためにナイフを突きつけたのです」と体制側の暴力を糾弾し、闘争貫徹を誓った。

炭労の原茂委員長は、会社の非道に言及した。「あなたの命を直接奪ったのが暴力団であったとしても、その背後には三井独占のあることを知っています。自らの利潤追求のための欲望がむき出しにされています。三池闘争の本質がここにはしなくも暴露されているのを、私たちは見ることができます」。

三池労組の宮川睦男組合長は、久保さんが「日本中の労働者の団結の中に生きている」とし、久保さんを守り犠牲に応え、闘い抜くと誓った。そして結びの言葉で、こう語りかけた。「久保さん、最後の固い握手を交わしましょう。あったかい手を出してください」。

6 混迷

警察の三池労組弾圧強化

久保清さん刺殺事件の二日後、一九六〇（昭和三五）年三月三一日に警察庁は大牟田と荒尾の警備本部に対し、三池における取り締まり強化を指示した。すでに暴力団は表舞台から姿を消していた。従って対象は三池労組陣営、となる。警察は特別警ら隊を編成し、社宅や三池労組ピケ隊周辺のパトロールを始めた。

その直後から、三池労組員に対する検挙が急増するようになった。これまで無期限ストライキ突入以降、一月が八人、二月が七人、三月が五人と減少傾向で推移してきたのに、取り締まり強化開始の四月には一挙に一四五人へと増えた。

三月二八日に起きた三川鉱の強行就労による流血事件についても四月七日の早朝に、警察官一〇〇〇人余りで三池労組の本部と支部の計六カ所を数時間にわたり家宅捜索のうえ、組合員一四

警察の四山支部家宅捜索、正面右手に久保清さんの遺影（三池労組提供）

人を逮捕した。一方の第二組合に対する捜索は一カ所のみで、逮捕者も二人にとどまった。会社と職員は不問とされた。

中央労働委員会の第二次斡旋案

警察による家宅捜索の前日、一九六〇（昭和三五）年四月六日に中央労働委員会の藤林敬三会長は三池争議の解決に向け、職権による斡旋案を労使双方に提示した。

中労委の会長は三月一六日に、前任の中山会長から藤林会長に代わっていた。三月二七日に炭労の斡旋申請を受けた藤林会長は、三川鉱強行就労の三月二八日と久保清さん刺殺事件翌日の三月三〇日、さらに久保清さん合同慰霊祭の四月五日に、三井鉱山の意向を聴取した。栗木幹社長は一二〇二人の解雇貫徹にこだわり、斡旋拒否を貫いた。
そのため藤林会長が職権斡旋に踏み切り、次の斡旋案提示となった。

一、会社は昨年一二月一〇日付の指名解雇を撤回する。
二、右解雇の該当者は、同日付をもって自発的に退職したものとする。
三、前項該当者の退職金については昨年一二月一〇日付で会社が通告した退職金の額に一万円を加給する。
四、第二項該当者に対しては、会社はできる限り就職の斡旋に努め、企業再建の暁にはなるべく再雇用の考慮を払う。
五、以上の措置をもって今回の指名解雇をめぐる労使の対立に終止符を打ち、平和裏に生産を再開するための諸条件について話し合いを進める。

第二項は、指名解雇の実質的な容認になる。炭労が求めた斡旋でありながら、きびしい内容が炭労に跳ね返った。三カ月前の中山会長による第一次斡旋案に比べ、はるかに会社寄りとなった。

これまで頑なに斡旋拒否を貫いてきた会社は一転し、午後一一時に斡旋案の受諾を中労委に伝えた。

炭労の苦悩

藤林斡旋案に対して炭労はその日、一九六〇（昭和三五）年四月六日の午後四時から戦術委員会を、さらに中央闘争員会を開催し、斡旋案の検討に入った。

その中央闘争委員会で、意見が割れた。「斡旋案は指名解雇を認めるものであり、拒否すべきだ」と主張する三池労組と大手一三社労組の中央闘争委員に対し、三鉱連の委員が「受諾し事態収拾を図れ」と主張して譲らなかった。三鉱連は先のストライキ指令返上にとどまらず、ここでも炭労の進路に立ちはだかった。

意見対立のまま炭労本部は四月一二日に第三五回臨時大会を召集し、藤林斡旋案に対する次の方針を提案した。「斡旋案は絶対に容認できない。しかし三鉱連および炭労の実力行使が困難な実態から斡旋案を受け入れ、事態の収拾を図り、組織の統一を守る」。

斡旋案の拒否は三鉱連の反発を招き、炭労が分裂する危険性をはらんでいた。

一方で総評は四月一四日に開催の第七回緊急評議員会において、斡旋案拒否と三池闘争徹底の方針を決めた。「藤林斡旋案は事実上一二〇〇名の首切りを押しつけるものであり、絶対に容認することができない。今や全国の労働者の闘いとなった三池闘争を安保闘争と結合して強力かつ粘り強く闘うならば、必ず勝利への転機をつかむことができる」。

進行中の炭労臨時大会の、議論を誘導する狙いがあった。

安保闘争は前年の三月二八日に安保改定阻止国民会議が結成されて以降、国会周辺デモが六月二五日の第三次統一行動で三万人、八月六日の第五次で五万人、一一月二七日の第八次で八万人、そして六〇（昭和三五）年に入って三月一九日の第一三次では全国で五〇〇万人参加へと、うねりを大きく高めていた。

闘争継続決定

炭労の臨時大会は、議論白熱で三日間を経ても収拾がつかなかった。そのため小委員会を設置し、とりまとめを託すことにした。

小委員会でも議論が平行線をたどった。打開策として委員長が私案を作成し、提示した。①藤林斡旋案を拒否　②三鉱連以外の大手一三社の組合員は三池労組に対する六〇〇円カンパを継続　③三池闘争指導のため大手一四社と炭労本部とで「三池闘争指導委員会」を設置　④三池の首切り問題を除き、三鉱連に妥結権を付与　⑤三鉱連五山の戦列復帰を含めた今後の闘争方針確立のため、五月中旬に大会を開催する。

なおも議論を重ね、大会六日目の一九六〇（昭和三五）年四月一七日に本部は小委員長私案にもとづく「当面の闘う方針」を大会本会議に提案した。そして拍手多数で決定された。

その直後に、三鉱連の砂川、芦別、美唄、山野、田川の代議員が一斉に退場した。退場は、三池闘争からの離脱表明になる。

炭労臨時大会は最後にこう宣言し、幕を閉じた。「我々はここに厳粛に誓う。組織のあるかぎり、労働運動の働き手を敵の手に渡さない」。

三鉱連の妥結

炭労の臨時大会を途中退場した三鉱連は次の日、一九六〇（昭和三五）年四月一八日に中央闘争委員会を開催し、会社との団体交渉で第二次再建案の早期全面解決を図る、との方針を五山の賛成で決めた。

それに伴い、三池労組は三鉱連を脱退した。指名解雇された一二〇二人の首を守るため、炭労に直接加盟して闘い抜く。

二日後の四月二〇日、三鉱連は会社との交渉を妥結した。その内容は、会社が前年八月二八日に提示した第二次再建案とほぼ同じだった。従って賃金の他社水準への引き下げや諸手当の廃止など、実質賃金の大幅な低下を余儀なくされることになる。

三鉱連はこの闘争中の前年一〇月九日における非常事態宣言で、第二次再建案を強行する会社に対し、「かつての三井王国を築いた隷従を再現しようとする攻撃である」と強く非難した。それから六カ月、このたびの妥結で「隷従」が現実のものになった。会社は妥結を、「三鉱連の良識」と称えた。

宮浦鉱の強行就労で三池労組ピケ隊に実力行使する警官隊（三池労組提供）

7　会社の焦り

警官隊出動による就労強行

炭労が臨時大会で闘争継続を決めた一九六〇（昭和三五）年四月一七日、会社は対抗措置として三川鉱の仮処分の、翌日の執行を福岡地方裁判所に委任した。

その仮処分は三池労組に対し、第二組合の就労を妨害してはならないというもので、三川鉱流血事件の三月二八日早朝に申請し同日夕刻に決定された。ところがその翌日に久保清さん刺殺事件が起きて世間の批判を受けたため、会社は仮処分の執行を留保してきた。それがここに至り、炭労の藤林斡旋案拒否で争議解決が遠のき、風向きが変わったことを受け、会社は仮処分の執行で第二組合員の就労増強を図り、生産を拡大することにした。

会社は福岡地裁への執行委任と併せて大牟田警察署に対しても、仮処分執行に伴う警備を申し入れた。そして第二組合員一五三人を柳川市内に集結させた。

翌四月一八日未明、警察は三川鉱の正門につながる道路の要所一三カ所に警官二〇〇〇人を配備し、公道でありながら一般の通行を完全に遮断した。午前三時五〇分、執行吏が現地に入った。執行吏は正門の三池労組ピケ隊に夜間執行令状を示さないまま、待機中の警察に執行援助の要請をした。そこへ第二組合員一五三人が貸切りバス三台でやって来た。警察は直ちに三池労組ピケ隊一三人を実力で排除し、第二組合員の入構を導いた。

急を聞いて三池労組の応援部隊が駆けつけた。警察は警棒による

警官隊に抗議する主婦会員（三池労組提供）

実力で立ち向かい、組合側のおよそ一〇〇人を負傷させたうえ、公務執行妨害で三人を逮捕した。

三池労組と総評弁護団は、警官隊の実力行使を伴う第二組合員の就労が憲法第二八条の団結権侵害にあたるとして、抗議声明を発表し世論に訴えた。そして四月一九日に、三川鉱の仮処分執行方法に関する異議を福岡地裁に申し立てた。

しかし会社は抗議を無視し、翌四月二〇日に宮浦鉱で警官隊一九〇〇人動員による白昼の強行就労を企て、第二組合員二五四人の入構を成功させた。三池労組のピケ隊員九人が検挙され、八〇余人が負傷した。三池労組と総評弁護団は福岡地裁に対し、四月二五日に異議を申し立てた。

組合側の異議に関して福岡地裁は五月四日に、異議認定の決定をした。①団結による示威もしくは平和的説得を労働組合の正当な権利として認める　②従ってピケ排除を仮処分執行の項目に加えてはならない。

以後、会社は警官隊の実力行使を頼みとする第二組合員の就労ができなくなった。

ホッパー仮処分の決定と効力不発

組合側の異議を認めた福岡地方裁判所は一方で同日、会社から四月一一日付で仮処分の申請を受けていた三池労組に対する三川鉱ホッパー（貯炭槽）への立入禁止と就労妨害排除、ならびに宮浦鉱選炭場の就労妨害排除に関し、決定を下した。

三川鉱と四山鉱で採掘した石炭は、ベルトコンベアーで三川鉱の選炭場へ送り、大きさ別に選別ののち、ホッパーで出荷に備え貯炭する。宮浦鉱は単独で選炭と出荷をした。

三池労組は出荷阻止のため、会社が三月二八日に第二組合員の強行就労による生産再開をした直後から、三川鉱のホッパーと宮浦鉱の選炭場にピケを張ってきた。そのため会社は出荷できず、四月九日時点で坑内の貯炭が計三〇八〇トンにのぼった。出荷しなければ生産の価値が生じない。その打開策として、会社による仮処分の申請となった。

福岡地裁は仮処分の決定において、会社の申請内容を必要限度の範囲で認めた。三川鉱ホッパーへの立入禁止については会社申請の執行吏保管ではなく、公示札を立てるのみとした。区域内に三池労組が設置しているテント小屋などの一切の物件を撤去するよう会社が求めたことに対しても、その必要はないと退けた。

決定の二日後、一九六〇（昭和三五）年五月六日にホッパーの公示札設置が執行された。その直後に会社はホッパーの点検と試運転のため、第二組合員と職員一六人をホッパー内に入れようとした。しかし三池労組のピケ隊に発見され、阻止された。翌日も同じ繰り返しとなり、会社は目的を果せなかった。宮浦鉱も同様だった。

立入禁止の立札だけでは効果がないため、会社はホッパー周辺を板塀で囲むことにし、「不作為責務の将来の処分について」の書面を五月九日に福岡地裁へ提出した。それを受けて福岡地裁は翌日の五月一〇日午後五時に、板塀設置を認めた。

ところが現地において五月一二日、五月二〇日、五月二一日の三回とも総評弁護団と会社側弁護士および執行吏との間で法律の解釈をめぐる応酬が続き、執行に至らなかった。

焦る会社はこの間の五月一二日に、栗木幹社長が記者会見でこう言った。「山野と田川から二

港務所の専用鉄道（大牟田市新港町　1980年）

二〇〇人を三池に投入し、七五〇〇〇人で生産再開を強行する。さらに不足すれば三井建設の作業員を入れ、日産一万五〇〇〇トンを掘る」。

スト破りを天下に公言するこの発言は、法人としての品位を自ら汚すことになった。「岩戸景気」という未曽有の好況下にありながら、会社は利益を逃がし続けていた。

ホッパー第二次仮処分の申請

板塀設置がままならない状況のもとで、会社は新たな手段に打って出た。まずは一九六〇（昭和三五）年六月四日に、港務所全域のロックアウトを六月五日付で実施すると三池労組に告げた。港務所はベルトコンベアーでホッパーと結ばれ、出荷の基地になっていた。

ホッパーに関しても会社は板塀設置に代えて一〇万平方メートルを執行吏の保管に移すことにし、そのためのホッパー第二次仮処分を六月六日に福岡地方裁判所へ申請した。ロックアウトの港務所と執行吏保管のホッパー一帯から三池労組ピケ隊を追い出して、出荷の道を開く。会社は、「三池争議の運命を賭ける仮処分」と位置づけた。最大の山場へと向かう。

8 天王山へ

「がんばろう」の歌

前年に「どんづまりの歌」を作詞した三菱鉱業上山田炭鉱の森田ヤエ子さんは、三池労組を支援するうたごえ行動隊の一員になり、有給休暇を取ってたびたび三池に入った。久保清さんが刺殺された直後には現場を訪れ、泣きながら「俺たちの胸の火は」と題する詩を書いた。筑豊の炭鉱が潰されていく憤り、久保さんが殺された怒り、燃える三池の闘志を綴った。荒木栄さんが曲をつけて男声四部合唱曲に仕上げ、久保さんの葬送歌になった。その後も、決戦に向かう三池で闘いを共有した。

三池は燃えていた。仲間が首を切られることだけは絶対に許せない、との思いが闘志を奮い立たせた。しかも同士の一人が殺された。

主婦会の会員たちも、縦横に闘った。デモ、集会、オルグ受け入れ、炊き出し、逆オルグ、家事……、寸暇を惜しんで動き回った。警察による三池労組陣営の検挙が四月に一四五人、五月に二〇四人、六月に二三〇人へと増えたことも主婦会の闘争心に火をつけた。第二組合員やその家族に荒い言葉を浴びせると「暴力行為」あるいは「名誉棄損」、取り囲むと「監禁」など、あらゆる行為が検挙の対象にされた。仲間が連行されるたびに三池労組と主婦会は警察に激しく抗議し、釈放を求めた。抗議する主婦さえも、警察は逮捕した。留置場に届けと大声で組合歌や労働歌を歌い、シュプレヒコールを繰り返し、励まし続けた。

そんな主婦会員たちの姿に、森田ヤエ子さんは「燃え尽くす女」という形容を重ね合わせた。詩を書いた。

〽がんばろう　つきあげる空に
くろがねの男のこぶしがある
もえつくす女のこぶしがある
たたかいはここから
たたかいはいまから

がんばろう　つきあげる空に
輪をつなぐ仲間のこぶしがある
おしよせる仲間のこぶしがある

たたかいはここから
たたかいはいまから

がんばろう　つきあげる空に
国のうちそとのこぶしがある
かちどきをよぶこぶしは一つ
たたかいはここから
たたかいはいまから

「がんばろう」と題するこの詩を荒木栄さんが手にし、すぐに曲をつけた。うたごえ行動隊員たちがハミングをしてみた。みんなの顔がパッと明るくなった。小躍りして喜んだ。三池の闘いに最もふさわしい、躍動感に満ちている、と誰もが感じた。

「がんばろう」の歌は、たちまち三池のピケ隊に広まった。ただし、うたごえ行動隊の意見によって「もえつくす女」ではなく「もえあがる女」に書き替えられ、歌われた。

ヤエ子さんにとって三池の主婦たちは、やはり原詩のとおり「もえつくす女」だった。これから燃え上がろうとしているのではなく、日々を燃え尽くそうとしていた。

男たちも命を賭けていた。その日の自分に妥協しない、武骨な、不屈の闘いだった。

青空保育園（大牟田市石炭産業科学館提供）

三池労組支援の輪

「がんばろう」の歌は闘いに身を置く者の決意の歌であり、連帯の歌でもある。

部落解放同盟福岡県連合会は一九六〇（昭和三五）年二月の定期大会で三池労組支援を決め、三月二七日以降、動員を続けてきた。ピケに加わり、一方で第二組合執行部の差別意識をきびしく糾弾した。部落解放運動の起源となる二二（大正一一）年三月三日の全国水平社創立大会は、大会宣言の後段を「人の世の冷たさが、何《ど》んなに冷たいか、人間を勦《いたは》る事が何んであるかをよく知ってゐる吾々《われわれ》は、心から人生の熱と光を願《ぐわ》求禮讃《んくらいさん》するものである。水平社は、かくして生まれた。人の世に熱あれ、人間に光あれ」と結び、日本で最初の人権宣言として「誇り得る人間の血」の叫びを上げた。三池の労働者と妻たちの死活を賭けた闘いが、部落解放運動と重なり合う。

日本教職員組合（日教組）は、三池の青空巡回保育を支援した。三カ月前、会社が一方的に保育園を閉鎖し警官隊に待機場所として提供したため、一三〇〇人の園児が締め出された。保母も第二組合に脱落した四六人を除く一二人になり、うち二人が解雇通告を受けていた。一二人の保母たちは園児のことを思い、闘争に明け暮れる親の育児負担を考え、保育の再開について三池労組本部と相談を重ねた。そして六月二三日から、青空保育園を開くことにした。社宅の広場にテントと教材を持ち込み、一日単位で巡回する。各地の学校から、女性教師たちが有給休暇を取って三池に駆けつけた。音楽の時間に幼児たちは、親と同じように「がんばろう」の歌を好んで歌った。

学者や文化人も起ち上がり、六月二四日に東京で三池問題文化人懇談会を結成した。青地晨（評論家）、佐多稲子（作家）、田中寿美子（評論家）、沼田稲次郎（東京都立大学教授）氏ら二五人が発起人になった。世論の喚起や三池現地への激励訪問などに取り組む。

総評は加盟組合に、個人参加による「三池を守る会」の結成を呼び掛けた。三池労組に対する激励、カンパ、オルグ派遣、会員拡大、などを積極的に展開する。六月一五日時点の集計では、一都一道二府二二県で会の数が一六三になった。三池労組には毎日のように激励電報や手紙、カンパ、生活支援物資が届いた。組合本部の壁と天井は寄せ書きの赤旗で埋め尽くされた。東京では、東京都三池を守る連絡協議会（会長・中野好夫東京大学元教授、評論家）が市民にも支援の輪を広げていった。

海外からも、支援と激励が寄せられた。国際自由労連の三〇〇〇万円融資決定、中華全国総工会による二〇〇〇万人動員の三池労組支援集会、国際鉱山労働者連盟による加盟組合への任意カンパ呼び掛け、世界労連炭鉱インター・デュゲ書記長の三池労組激励訪問、さらにフランス、ドイツ民主共和国、ソ連の炭鉱労働組合から激励メッセージが届いた。

こうして三池闘争は、「がんばろう」の歌が語る「国の内外《うちそと》の拳《こぶし》」となった。

一方で、安保闘争が頂点を画した。

安保闘争の終幕

三池で青空保育が始まる一カ月前、ホッパーの板塀設置をめぐり組合側と会社側が法律解釈の応酬を繰り返していた頃、国会は会期末が日一日と迫っていた。

一九六〇（昭和三五）年五月一九日、自民党は衆議院の議院運営委員会で会期延長を、安保特別委員会で強行採決を企てた。議運委員会では野党議員が激しく反発し収拾不能に陥ったにもかかわらず、議運委員長は五〇日間の会期延長が議決されたと衆議院議長に報告した。安保特別委員会も混乱を極める中、自民党委員が「賛成」を三度叫び、万歳の声とともに委員長を抱きかかえ、部屋を出て行った。三度の「賛成」は、質疑打ち切り動議、採決動議、新安保条約と新協定の承認だと、のちに自民党は説明した。

午後一〇時五〇分、本会議の本鈴が鳴った。それを合図に、清瀬一郎衆議院議長から出動要請を受けて待機していた警官隊六〇〇人が院内に入った。そして、本会議開会阻止のため座り込み中の日本社会党（社会党）議員団と秘書団を実力で排除した。

本会議が開かれた。野党と自民党反主流派二〇余人が欠席のまま、自民党が会期の五〇日間延長を単独で議決した。さらに新安保条約と新協定を審議抜きで採決し、五月二〇日午前〇時六分に承認となった。

安保闘争はそれまでの静かなデモが一変し、激しい怒りが沸き立った。「強行採決反対!」「民主主義を守れ!」「岸首相退陣!」「国会解散!」の叫びが全国で一斉に起きた。安保改定阻止国民会議による六月四日の第一七次統一行動第一波実力行使では、総評、中立労働組合連絡会議(中立労連)、未組織労働者、学者、文化人、学生、商工業者、民主団体など計五六〇万人がストライキを打った。

六月一一日からの第一八次統一行動は初日の国会請願デモが二四万人にのぼり、過去最高の高揚となった。全国でも三六六カ所において、二五〇万人が集会やデモを繰り広げた。六月一五日には第二波実力行使で五八〇万人がストを決行した。

その六月一五日に国会の構内で、全日本学生自治会総連合会(全学連)の学生たちと警視庁第四機動隊との乱闘が起きた。そして東京大学生の樺美《かんば》智子さんが死亡した。学生たちは激昂し、機動隊と激しく渡り合った。警察は催涙ガス弾三二発を発射した。逃げる学生を防毒面着用の警官が追い、警棒で殴りつけた。大学の教授や助教授およそ三〇〇人にも容赦なく警棒を乱打した。この日の負傷者は重軽傷を合わせ、一〇〇〇人を超えた。

六月一八日、国会請願デモが過去最高の三三万人を数えた。両手を広げてつなぐフランス・デモが延々と続き、「岸は辞めろ!」の叫びが途切れることはなかった。

しかし六月一九日午前〇時、新安保条約が自然成立となった。翌二〇日、自民党は単独で参議院安保特別委員会と本会議を開き、安保関連法案を可決した。

安保改定阻止国民会議は新安保条約の批准書交換反対を掲げ、六月二二日の第一九次統一行動で六〇〇万人がストを打った。

だがその声を無視し、翌六月二三日午前一〇時に藤山愛一郎外相とマッカーサー駐日大使が極秘に外相公邸で会い、批准書の交換をした。条約が発効になる。そして閣議で、岸首相がようやく辞任を表明した。

安保闘争が幕を閉じ、三池闘争が残った。決戦へと向かう。

三池海戦の展開

会社は一九六〇（昭和三五）年三月二八日の生産再開以降、二交替制の一日一二時間労働による第二組合員の疲労と籠城生活のきびしさから、籠城者の入れ替えを必要としてきた。坑木などの資材の搬入も欠かせない。海上輸送のため四月にのべ九回、船を出した。五月四日に福岡地方裁判所によって警官隊の実力行使を伴う第二組合員の強行就労が禁止されてからは、海上が唯一の補給手段となり、ほぼ毎日一回、船を送った。そしてホッパー第二次仮処分の申請をし、その決定を待つ間、海上補給で生産維持に全力を挙げることにした。

対する三池労組は会社の海上補給を本格的に阻止するため、五月二八日に海上ピケ隊の設置を決めた。海上ピケには、会社の輸送に対抗できる大型船を必要とした。炭労傘下の杵島炭礦労働

三池労組のピケ船隊（大牟田市石炭産業科学館提供）

港沖竪坑への陸路で夜間警備態勢中の警官隊（三池労組提供）

組合の仲介で、住ノ江機帆船組合が協力を快諾してくれた。機帆船の船主や船長を組合員とする住ノ江機帆船組合は、杵島炭礦の石炭運搬を請け負い、杵島労組と共闘関係にあった。さっそく第二日吉丸（一二〇トン）、大利丸（八〇トン）、健寿丸（八〇トン）の三隻がマストに「炭労三池」の赤旗をなびかせ、船長とともに大牟田港に入った。三池労組は旧海軍出身者などによる海上ピケ隊を編成した。

　ピケ船の出動は、六月一四日が最初となった。接岸する会社船と岸壁の間にピケ船が割って入ろうとし、それを岸壁の第二組合員が消防ホース四本による放水と投石で阻んだ。ピケ船は会社の資材運搬船四隻のうち一隻をロープで接合して沖合に曳航し、荷揚げを三隻にとどめた。

　続く六月二九日の攻防では会社船と岸壁の第二組合員が投石でピケ船を攻撃し、ピケ船が花火の水平発射で応戦した。その最中に警官隊一四〇〇人が岸壁に人垣を作り、第二組合員二七〇人の入坑と二八七人の昇坑を導いた。マスコミは「三池海戦」と名づけた。

　三池労組は海上ピケ隊の増強を図り、七月三日に住ノ江機帆船組合から韓瀬丸（八〇トン）と栄治丸（八〇トン）が合流した。翌四日にも、第七杵島丸（一二五トン）が加わった。

　対する会社は七月五日の輸送の際、多数の柔道部員や剣道部員で編成する行動隊を戦闘要員として別の船に乗せ、実力行使を強化した。長い竹の棒を振り回す行動隊と、花火の水平発射で反撃するピケ船との戦闘で、五〇人余りの負傷者が出た。その間に第二組合員二六〇人が入坑し、二八二人が昇坑した。「第二回三池海戦」と呼ばれた。

　さらに七月七日、会社は坑木積載の三隻と一般資材の一隻を南新開竪坑へ送ることにし、護衛用の大型船五隻と機帆船数隻に行動隊を乗せ、午前二時四〇分に島原港を出港した。この動きを察知した三池労組は直ちに小型の船一七隻を接岸予定の岸壁に並べ、阻止の態勢を築いた。会社の船団は接岸予定地を変更し、別の岸壁に接近しようとしていたところをピケ船に追いつかれ、雨の中、激しい攻防戦となった。怒号と喊声、放水、投石、花火による反撃、船と船の激突、などの武力衝突をおよそ一時間半にわたり繰り広げた。警官隊が岸壁から発煙筒を発射し、その煙幕に隠れて一般資材船がかろうじて荷揚げを終えた。しかし坑木船三隻のうち二隻は三池労組のピケ船に沖まで曳航され、他の一隻は接岸できず、三隻とも坑木の荷揚げができないまま引き返した。二〇〇余人の負傷者を出し、新聞各紙は「第三回三池海戦」あるいは「有明海戦」として大々的に報じた。

ホッパー第二次仮処分の決定

第三回三池海戦の日、一九六〇（昭和三五）年七月七日に福岡地方裁判所は、会社が「三池争議の運命を賭ける」と位置づけていたホッパー第二次仮処分を決定した。

総評弁護団は第二次仮処分が申請されたのちに一貫して、「仮処分の決定をもって裁判所が労働争議に介入することは違法であり、はなはだしく不当」と主張してきた。加えて会社申請の仮処分が港務所のロックアウト成立を根拠としていることに関しても、実際には港務所の構内に三池労組ピケ隊が多数存在しているためロックアウトが不成立だと指摘した。さらに第二組合結成に関する会社の不当労働行為の全容を準備書面で明らかにし、違法に結成された第二組合による生産は違法、との判断を裁判所に求めた。しかし裁判長はそれらの主張を無視した。そのため弁護団は、七月五日に裁判長の忌避を申し立てた。

その忌避された裁判長が七月七日に仮処分を決定した。港務所のロックアウトが成立していると認定し、第二組合結成の違法性についても会社が三池労組の団結権に不当介入したと認めうる「確たる疎明資料がない」ことをもって、組合側の主張を退けた。

そしてホッパー一帯の執行吏による保管を決定した。立入禁止区域内に組合側が設置しているピケ小屋「二四棟」についても、三日以内の撤去を義務づけた。

総評弁護団はこの決定が憲法に違反する不当なものとして、即日、異議を申し立てた。仮処分の執行期限は二週間後の、七月二一日となる。

警察の一万人動員計画

三川鉱ホッパーの第二次仮処分決定を受け、警察は四日後の一九六〇（昭和三五）年七月一一日に九州六県の警察本部長会議を開催した。そして執行吏の要請による実力行使を前提に、警備計画をまとめた。一万人規模の部隊を編成し、仮処分の執行期限から逆算して部隊集結を七月一七日、仮処分の執行開始を七月一九日、実力行使を七月二〇日早朝とする。警察庁の柏村信雄長官は七月一七日の記者会見で、「仮処分の決定が出ており、警察の介入は避けられない。相当な犠牲を覚悟している」と述べた。

この一万人体制に加え、装甲車五台、放水車三台、ヘリコプター一機、パトカー四〇台、広報車三台を集結させることにした。防禦ネット、楯、防毒マスク、催涙ガス銃、ガス弾一〇〇〇発、発煙筒、照明弾、などの装備も揃えた。安保闘争で樺美智子さんが死亡した日の、装備と車輌をはるかに上回る。

総評一〇万人大集会

警察の一万人体制に対して総評は、一九六〇（昭和三五）年七月一三日に単産代表者会議を開催し、七月一七日以降の連日一万人動員を決めた。三池労組の組合員八六〇〇人と合わせ、二万人規模になる。

そして動員初日にホッパー前で、一〇万人大集会を開催した。労働組合員だけでなく、部落解放同盟、社会主義青年同盟、全学連、さらに日本山妙法寺の僧侶も駆けつけた。

……私たちはどんな大がかりな攻撃にも屈せずどんなひどい弾圧も恐れず、平和と民主主義をたたかいとり、生活と権利を守り高める正義のたたかいによってホッパーを守り抜きます。

今日、ここに集まった労働者をはじめ各階層の力強い十万の団結と、それをささえる全日本の労働者、人民の力こそ、不当仮処分の執行とストやぶりの生産再開をゆるさず、権力を総動員する弾圧をハネ返し、安保闘争にたいする不当処分と安保体制それ自体を粉砕する力です。

総評10万人大集会、演壇背後の建物がホッパー（三池労組提供）

ガンバロー三唱をする10万人集会参加者（三池労組提供）

私たちは、この力をさらに強め、総力を結集してたたかいぬきます。輝く勝利と、明るい未来はたたかう私たちのものです。

一九六〇年七月一七日

総評九州拠点・安保体制粉砕・不当弾圧反対・三池闘争を守る大集会

9 最後の攻防

ホッパーの守り

三池闘争の天王山となるホッパーの、その周辺に組合側はピケ隊の宿泊用として多くのピケ小屋を建てた。その数は、一〇万人大集会が開かれた一九六〇（昭和三五）年七月一七日時点でおよそ四〇棟になった。ビニールシートを張った急造の小屋ながら、一棟あたり二〇〇人ないし三〇〇人の宿泊を可能にした。

ホッパー周辺の地面には、廃棄されたボタ（岩石および屑石炭）が敷き詰められていた。真夏なので日中はボタが蓄熱して暑さを増し、放熱後の夜は冷え込んだ。およそ二万人のピケ隊の中から病人が出て保健所が立ち入る事態になれば、ピケ隊は解散させられ、闘争が敗北する。衛生班を編成し、ピケ隊が熟睡中にトイレの清掃と消毒を毎日、徹底した。蚊や蠅を駆除するため、

ホッパーピケ隊（三池労組提供）

ホッパー周辺の水たまりなどに噴霧器で殺虫剤を散布して回った。

支援の医師や看護婦による救護班もビニール小屋の「ホッパー診療所」に詰め、診察を受け持った。夜中にピケ小屋を巡回し、寝冷えの予防もした。

ピケ隊の食事は主婦会が支部ごとに分担し、一手に担った。炊き出しの多忙はスト破りを阻止するためオルグが応援に来るようになった三月から、ずっと続いていた。主婦会三川支部長の中山初美さんがこう語る。

台所も戦場のごたるもんです。何しろ四〇〇人から、日によっては五〇〇〇人分のものを三度三度どころか、四度もまかなっているのですから、身体も頭も休めるヒマがありません。オルグの人たちは若い元気な人が多いので、一食一合五勺の割合で毎日五俵をこえるお米を炊き、まき八百束を使っているんです。（中略）ご飯をたきあげてしまってから、同じ七升、一斗炊きのお釜でおみおつけを、これまた四〇〇〇人分も作り、おわんに盛る。おかわりの自由まであるのですから文字通り兵站部隊はテンテコ舞です。昼おかずは十円、この範囲でフライなど買ってきたりしますけれど、これもなかなか苦心するところなんです。（三池労組発行『日刊情報』一九六〇年四月一四日）

四月時点のこの多忙がさらに七月から、連日のオルグ一万人動員で何倍にもふくらんだ。農業団体から送られてくる支援物資の米や野菜が、ピケ隊の食糧になった。

こうして衛生班、救護班、炊事班など多くの裏方に支えられながら、ホッパーピケ隊は目前の決戦に備えた。

これまでの長期にわたる闘いの中で、三池労組の組合員たちが編み出した「ホッパー・スタイル」というものがある。ヤッケを着てヘルメットをかぶり、三池労組の鉢巻を締める。鼻と口をタオルで覆い、水中眼鏡をかけ、警察の目から素顔を隠すとともに催涙ガス弾の発射に備えた。腰には荒縄を巻いた。ジグザクデモをするとき、前の者の荒縄を後ろの者が握るとどんなに激しく動いても隊列が乱れない。警官隊によるごぼう抜きに対しても、荒縄を握り合って抵抗できる。

荒縄には、三〇センチほどの長さの「ホッパーパイプ」を脇差のように挟んだ。ホッパーパイプは焚火の薪を材料とする創作品で、焚火で熱した自転車のスポークの先端を薪の真ん中に押し当てて縦方向に貫通させ、外面にナイフで自慢の加工をし、タバコを吸うパイプに仕上げた。寒い冬のピケで暖を取りながら誰となく考案したのが流行して、三池闘争のみやげ品にまでなった。

背中には佐々木小次郎の刀のように長めの青竹を水筒の代わりに吊り下げ、上下の紐を胸の前で結んだ。手には棒を持ち、その先端に小さな小隊旗をくくりつけた。ホッパーパイプも青竹の水筒も旗の棒も、警官との乱闘が起きたときに自衛のための武器になる。久保清さんが刺殺されたとき、ピケ隊は素手だった。今度の相手は重装備の警官隊一万人。自衛しなければ殺されるかもしれない。

塹壕も掘った。幅二㍍、深さ一㍍、縁に土嚢を積んだ。警察の装甲車の、侵入を阻止する。ピケ小屋の屋根には、棒の先に吹き流しを取りつけた。風の流れを知り、警察の催涙ガス弾発射に備える。組合旗は見通しを悪くするので立てなかった。労働歌も流さない。警察の動きを察知するうえで、音は妨げになった。

団結とか連帯とかは、理屈を超えた情念として存在する。その高まりの極みには、芸術とでも言うべき行動が生まれることを、三池は示した。竹脇忠雄さんが語る。

「何の伝令もないのに、花火がパンと上がったら、それッ、ザアーッと、そらもう早い。もう五、六分でたいがいの動員はきいたですわ。三池で鍛え抜かれた彼らの行動ってものは、もう口では言えんね。笛の合図のやり方や、目と目の合図によって分かるように訓練されとった。それはもう、みごとなものだった」

こうして、警察部隊との対決に備えた。

警察の最後通告

警察が一万人の集結を完了した翌日、一九六〇（昭和三五）年七月一八日に、会社はホッパー第二次仮処分の執行に動いた。午前九時、警官隊六〇〇〇人が待機する中、会社側代表が執行吏三人と執行補助の作業員三〇人を伴い、ホッパーに向かった。組合側のピケ隊六〇〇〇人のうち五〇〇人が前進し、会社側の進出を阻んだ。労働歌を高らかに歌った。

執行吏の一人がマイクで放送を始めた。「これから執行補助者とともに執行に着手いたしますから、直ちにピケを解き、かつ、執行保管を命ぜられた地域から自発的に退去して、いやしくも執行の妨害となるような行動を一切とらないよう要請します。……」。

この放送中に、会社の手配によるヘリコプターがホッパー上空に飛来し、一万枚のビラを撒いた。ビラの内容は執行吏がマイクで放送したものと同じで、末尾の発行者名にはホッパーに来ている執行吏三人の名前が記載されていた。組合側は前代未聞とあきれはて、会社と裁判所の癒着に怒りをつのらせた。

組合側の弁護団は放送中の執行吏を除く他の執行吏に対し、仮処分執行の違法性を追求した。①組合側が福岡地方裁判所に提出した異議申し立ての判決がまだ出ていない ②執行吏保管予定の区域は図面に黒線が引いてあるだけで、測量をしていない ③執行に伴い撤去される予定のピケ小屋に関し、記載の棟数が実際と違い、小屋の構造、坪数、所有者などの記載がない、……。執行吏は午前一一時に現場を引き揚げた。

翌七月一九日も、会社側は前日と同様の行動をした。そして最後に警察が広報車を前面に出し、警告の文書を二度にわたり読み上げた。加えて「いま一度、反省の機会を与える」と言い残し、一二時過ぎに執行吏とともに現場を後にした。

こうして仮処分の執行に向け、あらかじめ警察が設定した日程にもとづいて、警察の最後通告へと事態が進んだ。いよいよ翌二〇日早朝の、警官隊出動のときを迎えることになる。組合側が執行史に指摘した仮処分決定内容の法的不備は、放置されたままだった。

政府の勧告

警察の最後通告と同じ日、一九六〇（昭和三五）年七月一九日に石田博英労働大臣は労使の代表を呼んだ。組合側は炭労の原茂委員長と古賀定事務局長、会社側は栗木幹社長と労務担当の山本浅吾常務取締役が出席した。

双方が揃ったところで石田労働大臣は、政府勧告を読み上げた。「去る七月七日決定された裁判所の仮処分命令の執行が多衆の暴力によって妨害されているが、かかる法律無視の行為が法治国家において許されないことはいうまでもない。労働組合その他の関係者は直ちに妨害をやめ、仮処分指定の地域外に退去すべきである」。そして政府が中央労働委員会に職権斡旋を要請すると告げ、斡旋案にもとづく事態収拾を求めた。

これまでの会社と警察と裁判所の陣営に政府が加わり、前面に出た。

中労委の白紙委任要請

石田労働大臣は労使双方への政府勧告ののち、同日の一九六〇（昭和三五）年七月一九日午後五時過ぎに、中央労働委員会に斡旋を要請した。

午後八時半、中労委の藤林敬三会長と中山伊知郎前会長が労使の代表を呼び、職権斡旋による事情聴取を始めた。組合側は、斡旋に応じる意向を表明した。対する会社は仮処分の執行優先を主張し、妥協の余地を示さなかった。

時間がどんどん過ぎていく。三池の警官隊が執行援助を開始する時刻は翌朝午前五時とされていた。あと二時間となった七月二〇日午前三時、中労委は流血回避のため、斡旋案提示前に異例となる次の申し入れを労使双方にし、協力を求めた。

一、前二回のあっせん案に示された構想を基礎とし、新しい事態の進展を考慮に入れて、最終的なあっせん案を作成する。労使はこれによって本争議を解決することとし、この最終案に対しては異議を申立てない。
二、右のあっせん案を作成するために、改めて十分に労使の主張を聴取する。その期間は約一週間とする。
三、この申入れに対する諾否の回答は本日午後六時とする。
四、この申入れ受諾と同時に組合はピケをとき、会社は現在紛争中の仮処分の申請をとり下げる。

なおあっせん案作成中は、会社は生産を再開しない。

決死の覚悟

中央労働委員会の申し入れとほぼ同時刻の一九六〇（昭和三五）年七月二〇日午前三時一五分、三池で、警察の警備本部が警官隊一万人に出動を指令した。大牟田市内の各宿舎から、ホッパーに向けて部隊が一斉に動き出す。午前四時までにホッパー周辺の所定場所に集結し、午前五時に執行援助を開始することになっていた。

対する組合側のピケ隊は一万六〇〇〇人。そのうちおよそ三〇〇〇人がピケ小屋に入りきれず、地面に板を敷き、石炭運搬鉄道の線路を枕にしてまどろんだ。

午前三時四五分、ホッパー上空に二発の花火が上がった。マイクが「全員配置ッ、急げッ」と叫んだ。一斉に飛び起き、走り、戦闘配置についた。最前列に三池労組員、その後列に炭労動員のオルグ、さらに後列に総評の各単産動員オルグが並んだ。固くスクラムを組む。最前列の三池労組員の中には、〈死ぬかもしれない……〉と思う者が何人もいた。

このとき東京の中労委の一室では、中労委の申し入れを受けた総評の太田薫議長、炭労の原茂委員長ら組合側の代表四人が対応に苦慮していた。流血の事態になって多くの死傷者が出れば世論の非難を浴び、今後の労働運動に支障を来たす。

「中労委の申し入れを組合側が前向きに受け止めようとしている」、との情報が警察庁を経由して三池の警備本部に伝わった。警備本部は直ちに各部隊に対し、「出動中止」を命じた。それを受けて午前四時過ぎ、出動中の警官隊の行進が三川鉱の手前で止まった。そして警官隊は踵を返し、来た道を戻り始めた。

午前四時半、ピケ隊に、警官隊の引き揚げがマイクで伝えられた。一万六〇〇〇人のピケ隊から期せずして歓声が上がった。中労委の申し入れがあったことを知らないピケ隊は、ピケ隊の勢いが警官隊を引き返させたのだと思った。「勝ったッ、勝ったッ」と叫び、喜んだ。そして誰が音頭を取ったわけでもなく、「聞け万国の労働者」の歌がにわかに起こり、轟きわたった。それまで内に秘めていた闘いのエネルギーを爆発させるかのように、貨車を警察の装甲車に見立て、突撃する訓練を再開した小隊もあった。

10 中労委最終斡旋案の欺瞞

政府と財界の三井鉱山説得

中央労働委員会による一九六〇（昭和三五）年七月二〇日午前三時の労使双方への申し入れについて、政府は三井鉱山に受諾させる方向で動いた。ホッパーで流血の惨事が起きると発足直後の池田勇人内閣に致命的な影響が及ぶ、との危惧が政府内にあった。

まずは池田首相が財界首脳の総意を取りつけるため、首脳を朝食会に招いた。植村甲子郎経済団体連合会（経団連）副会長、永野重雄日本商工会議所（日商）副会頭、諸井貫一日経連代表常務理事、桜田武日経連代表常務理事、今里廣記日経連総務理事、早川勝日経連専務理事らが顔を揃えた。三井銀行の佐藤喜一郎会長も招かれた。朝食会で財界首脳は、政府の意向に同意した。

当の三井鉱山は東京の本社で重役会議を開催し、申し入れの受諾拒否を決めた。①ピケ解除と仮処分執行が先決　②異議申し立てができないことへの不満　③斡旋期間中の生産再開禁止は第二組合員と職員の就労権否定になる。

この結論は非公式ながら、政府に伝わった。すぐに石田労働大臣は、財界首脳の総意をもとに栗木幹社長の説得に向け動いた。

中労委に対する組合側の回答

炭労は中央労働委員会から申し入れを受けたその日、一九六〇（昭和三五）年七月二〇日の午前一〇時に戦術委員会を、午後三時に中央闘争委員会を開催し、対応を検討した。とりわけ申し入れ第一項の、「最終斡旋案に対しては異議を申し立てない」との白紙委任の一文に強い懸念を感じた。はたして一二〇二人の指名解雇を撤回させることができるのか。

一方で、同じく申し入れ第一項の「新しい事態の進展を考慮に入れて最終斡旋案を作成する」との一文に注目し、前回の藤林斡旋案よりも組合側に配慮した斡旋案が出されるのではないかと期待を寄せた。前々回の中山斡旋案は、会社の指名解雇強行を認めなかった。

午後八時三〇分、炭労は「一二〇二人指名解雇断固反対」の強い要望を添え、応諾の回答を文書で中労委に提出した。総評も炭労の決定を受け入れた。

ホッパー第二次仮処分の執行期限終了

組合側が中央労働委員会に応諾を回答した一九六〇（昭和三五）年七月二〇日、一方の会社は、回答期限の一日延期を中労委に願い出た。

その七月二一日に第二組合と職員組合の代表団が上京し、警官隊一万人体制での仮処分執行を本社や警察庁などに要請して回った。現地の三池鉱業所と大牟田再建市民運動本部も前日来、仮処分の執行を強硬に主張した。そのため会社の最終方針がまとまらず、夕刻になって中労委に対し再度、七月二二日までの回答延期を申し入れた。

こうして七月二一日が過ぎ、ホッパー第二次仮処分の執行期限が終了になった。仮処分の執行に強くこだわってきた会社が無為のうちに執行期限を終え、一方で政府と財界首脳に説得されたという状況のもとで、はたして後日に出される中労委の最終斡旋案は会社側にも組合側にも偏らず、中立を保てるのだろうか。

ホッパー第二次仮処分の執行期限終了に伴い、組合側は翌七月二二日午前九時から笹林公園で、オルグ団の解団式を行なった。総数一万人のオルグを、炭労二五〇〇人と総評五〇〇〇人の計三〇〇〇人に縮小する。

三菱鉱業美唄労組や太平洋炭鉱労組などで編成する北海道炭労オルグ団が三池を離れるにあたり、七月二三日に総括集会を開いた。七月三日に三池入りしていた。「三池の闘いについて、マスコミが真実をねじ曲げていることがわかった。三池の組合員、主婦が長期の闘いにもかかわらず執行部を信頼し、明るい表情で闘い、自信と確信を持っていることも知った。三池で体験したことを自分たちの組合で知らせるため、積極的に取り組む」。

マスコミは一貫して争議の早期収拾を主張し、労働組合に批判的だった。

最終斡旋案

組合側がオルグ団を縮小した一九六〇（昭和三五）年七月二二日の午後五時、会社は中央労働委員会に対し三度目の延期を要請した。しかし回答日の七月二三日も、依然として会社の方針はまとまらなかった。そのため中労委は会社に対し、二日後の七月二五日までに回答するよう求めた。「二日後」に、会社に対する中労委の甘さが示されていた。

会社の受諾回答を得た中労委は翌日の七月二六日に、最終斡旋案の作成に向け労使双方に対する事情聴取を始めた。組合側と会社側を別々に呼び、各七回にわたり、指名解雇の当否、生産能率と職場闘争の実態、などについて聴取した。

そして八月一〇日、中労委は最終斡旋案を提示するため、労使双方を呼んだ。組合側は太田薫総評議長、原茂炭労委員長、宮川睦男三池労組組合長などが出席し、会社側は栗木幹社長らが席に着いた。周りを報道関係者が取り巻いた。午後五時一〇分、中労委の事務局員が次の最終斡旋案を読み上げた。

指名解雇をめぐる今次三池争議の重点は、指名解雇の当不当、職場活動の是否、争議行為中の実力行使の限界の三点にしぼられる。当委員会は、この三つの重点について労使双方の言い分を慎重に検討してきた。

第一の問題については、指名解雇が好ましいものでないことはもちろんであるし、この措置にあらわれた会社の労務政策にもともより欠点がないわけではない。しかし今回の指名解雇は長期に亘って難行を重ねた交渉のいきさつや、石炭業苦境の中で遂行されたという事情等からみてやむを得なかったものと認められる。問題はこの場合の解雇該当者の中にいわゆる組合活動家が含まれている点である。いわゆる組合活動家を個々人についてみれば、その解雇の当不当について争う余地が残るかもしれない。しかし組合のいわゆる活動家は会社の言うところの生産阻害者であって表裏一体となって互いに争っている事項をこの段階で個別的にあらそうことはできない。

第二の問題については、職場闘争のあり方そのものに問題がある。昭和三一年以来の三池の職場闘争の実態は会社の労務政策の不備や生産点闘争に対する組合指令の具体性の欠如と相まって正常な組合運動の枠を逸脱した事例のあったことを認めざるを得ない。少なくともこの闘争形態が昭和二八年の争議以来労使の間の醸成された不信感をいっそう深刻なものとし、今次の類例のない大争議にまで発展せしめたことは争い難い。

第三の問題は、この争議についてもっとも多く社会の耳目を集めたところである。事実今次争議にあらわれた暴力行為は極めて大規模な大衆の威力をもって法の執行を事実上不可能ならしめるなど、あきらかに常識の域を脱しており、社会秩序を守るという点ならびに労使関係の将来のためにもまことに憂慮すべきものがある。争議調整を任とする労働委員会の従来のあっせん事例においては激しい闘争の中の若干の行きすぎは争議解決の機会に相互にこれを水に流すという原則で考えられてきた。今回の場合はこの原則をこえるものであるが、両当事者がこのあっせん案によって問題の解決を決意する場合には司直の関するものは別として新たな訴訟を重ねることなく出来れば従来の訴訟についても双方互譲の精神をもって円満な解決の出来るような格段の努力を払われたい。

以上のような判断のもとに次のあっせん条項を提示する。

記

一、解雇問題の収拾のため本日以降一カ月の整理期間を置く。

二、㈠　右の一カ月間の整理期間を経過したものについては、会社は昨年末の指名解雇を取り消し、解雇該当者はこの期間満了の期日を以て自発的に退職したものとする。

㈡　右の自発的退職者については、会社は昨年末指名解雇者に対する会社の通告書と同趣旨によって計算した退職金のほか、特別生活資金として金二万円を加給する。

㈢　解雇該当者の内勇退を希望する者はこの期間中にその旨を会社に通告する。この勇退者については、会社は昨年末の指名解雇を取り消し、昨年末の希望退職に伴う退職金の特別措置により計算した退職金のほか、金五万円を加給する。

㈣　会社はこの一カ月の期間を再考慮期間とし、昨年末の指名解雇の措置についてこれ

を更に再検討して、修正の余地があればこれを修正する。(後略)

炭労の原委員長は発表の途中で憤然と席を立って退室し、「ペテンにかけられたッ」と吐き捨てた。一方の会社は三日後の八月一三日に、斡旋案の受け入れを決めた。

11 不屈の誓い

三池労組の斡旋案拒否方針

中央労働委員会の最終斡旋案が提示された二日後、一九六〇(昭和三五)年八月一二日に三池労組は執行委員会を開催し、「斡旋案は受諾できない」との見解をまとめた。そして翌日に開催の中央委員会で満場一致の承認を経て、執行部は炭労に斡旋案拒否を要請した。全国から一〇〇通を超える激励電報が届いた。

炭労の条件つき事態収拾方針

三池労組の中央委員会決定から五日後、一九六〇(昭和三五)年八月一八日に炭労の第二七回臨時大会が開催された。三池から傍聴のため、組合員と主婦会員三〇人が東京まで駆けつけた。

大会で炭労執行部はまず、中央労働委員会の最終斡旋案を批判した。

一、指名解雇の容認は、石炭資本が強行しようとする一一万人首切り合理化に一層拍車をかけることになる。

二、三池の職場闘争において正常な組合運動の枠を逸脱した事例があるとの規定は、今後の炭労およびすべての単産における職場闘争に重大な障害となる。

三、三池のピケについて常識の域を逸脱し社会秩序に反する暴力行為と規定したことは、広くピケット権ひいては争議権について不当な圧迫を加えるものである。

これらはここ数年来、独占資本が総評の主要単産を狙い撃ちし攻撃してきたことの総仕上げを意味し、日本の労働運動全体に対し停滞と後退をもたらすものである。

このような露骨な反労働者的性格をもつ斡旋案は、われわれ炭労の行動方針と企業整備反対闘争の指標からはとうてい承認できるものではない。

さらに執行部は、「反労働者的性格を持つ斡旋案」の背景と相手陣営の動向について分析した。

一、斡旋が政府の要請によって行なわれた経緯から判断して、政府が中労委を全面的に支持していることは明らかである。（中略）したがって、拒否してたたかいを組む場合には、はげしい権力の介入と弾圧が行なわれることをあらかじめ想定し、これに対する体制を必要とする。

二、中労委の斡旋申入れに対する三井鉱山の態度決定についての日経連、銀行協会などの働きかけは、今後の三井鉱山支援をより積極的に行なうことを約束したうえでのことであり、いわゆる独占資本の支援体制の確立である。したがって拒否した場合のわれわれのたたかいは今後さらにいままでに増した独占資本との対決であることを認識する必要がある。斡旋申入れの受諾は三井鉱山の意志でなされたものではなく、総資本の意志としてなされたことを忘れて今後の闘いを組むことはできない。

三、今次斡旋案にみられるように中労委が信頼できないとすれば、拒否してたたかう場合、労使の自主解決によって収拾するほかない。

対する自陣営の力量を次のように認めた。

労使の自主解決は、われわれの力が優位に立ち、三井鉱山自身が妥協による解決をはかる決意をするところまで追い込んだときはじめて可能である。しかし三鉱連が後退した炭労内部の戦闘配置を考えると、いまわれわれは三井鉱山に対して決定的打撃を与える有効な手段を持っていない。一方、石炭資本全体に対して打撃を与え、それを通じて三井鉱山をしめつけることが考えられるが、長期にわたって強力なストライキを背景にたたかいつづけていくほど炭労全組合員の意識は高まっていない。

したがって拒否した場合のたたかいは、六〇〇円カンパ体制を中心に現状のたたかいを積みかさねてゆけばたたかいの発展が見出せるという簡単なものではない。加えて困難な支部（引用注・炭労傘下の組合）の条件と実態を軽視し闘争を組織する場合、組織分裂に発展する恐れがあり、それは敵の術中におちいることである。また総評に対しても、たたかいの本隊であるわれわれに不動盤石の決意と強力な闘争体制の確立なくして現在以上の支援共闘を求めることは困難である。

以上のように、斡旋案拒否以後のたたかいは従来に倍して飛躍的な闘争の幅と厚みを必要とするにもかかわらず、われわれにその条件がないとすれば、現時点においては事態収拾を行なわざるを得ない。

そして執行部は、「条件つき事態収拾」方針を提案した。①政府に対し、指名解雇される一二〇二人の離職対策と今後の石炭政策を要求する　②中労委に対し、斡旋案の内容について釈明を求める　③会社に対し、人員問題以外の第二次再建案協議、期末手当の支給、争議終結後の就労体制協議、争議に関する労働組合側の責任不問、などを要求する。

この三項目が解決するまで、三池の闘争体制と六〇〇円カンパを継続することにした。

炭労の斡旋案受諾決定

炭労大会は斡旋案拒否の意見と事態収拾の意見がぶつかり合い、結論を導き出すことができなかった。そのため臨時大会を休会し、執行部の提案を各組合が持ち帰って再検討することにした。

一九六〇（昭和三五）年九月二日、炭労大会が再開された。前回三〇人だった三池の組合員と主婦会員の傍聴が、六九人に増えた。

大会は二日目の九月三日から、代表者会議で議論を重ねた。そしてしだいに焦点が「今後の闘い方」に絞られていった。それを受けて炭労執行部は、「政府と会社に対する要求が解決しない場合、統一実力行使で解決を迫る」との追加提案をした。闘争姿勢を強く打ち出したこの修正案に対し、代表者会議で審議の結果、修正案を承認することでまとまった。

九月六日、大会の本会議が四日ぶりに再開され、満場の拍手をもって執行部修正案を承認した。ここに三池の闘いは、条件闘争へ移行することになった。

大会を締めくくる原茂委員長のあいさつののち、三池労組の宮川睦男組合長と大会代議員、傍聴団六九人が壇上に並んだ。宮川組合長が炭労執行部と大会代議員に対し、こう述べた。「みなさんの力強い支援は生涯忘れない。闘いはまさにこれからだ。困難と障害を克服して組織を堅持し、共に闘おう」。

壇上の全員が涙で頬を濡らした。指名解雇の一二〇二人を守れない悔しさが、こみ上げてきた。闘いのエネルギーを備えているにもかかわらず、斡旋案を受諾しなければならない屈辱がつのった。あふれる感情を込めて、ガンバロー三唱をした。

苦渋の決断

炭労臨時大会の終了二日後、三池労組は一九六〇（昭和三五）年九月八日の午前一〇時から、大牟田市民会館で中央委員会を開催した。炭労大会の決定に対し、三池労組の態度を決める。会場後方の傍聴席から、二〇〇〇人の組合員と主婦会員が熱いまなざしを檀上に注いだ。

宮川睦男組合長が炭労大会を報告するため、演壇に立った。「不当斡旋案を拒否するという三池の態度をもって大会に臨んだが、こういう結果になりました。いまは一番どん底だが、また一番勇気をもって進まなければならないときでもあります。勇気をもって報告します」。万感胸に迫り、目に涙を浮かべ、言葉を失った。

二時間半に及ぶ宮川組合長の報告に続き、執行部は炭労大会の決定にもとづく「三池の態度と決意」を提案した。①一二〇二人の完全就職と安定した住宅などの生活対策を政府に要求し、闘い抜く　②争議解決後の一斉就労、差別待遇の禁止、不利益扱いの禁止、を闘い取る　③組合に対する争議の責任追及を会社に行なわせない　④期末手当（立ち上がり資金）の獲得　⑤労働協約は三鉱連と会社が締結したものと同一のものを結ぶ　⑥解雇拒否者の賃金補償および一方的配転を拒否した者の賃金補償　⑦以上の条件を完全獲得するまで炭労全体の実力行使で闘い抜く。

討論に入り、執行部提案の事態収拾方針に対し、やり場のない憤りが次々に吐き出された。深夜になり、時計の針が日を越えた。中央委員会は発言者の意向を汲み入れ、執行部提案の「三池の態度と決意」に次の一文を盛り込むことにした。「われわれは指名解雇には反対である。従ってその理念を放棄することはできない」。中央労働委員会の斡旋案を拒否しつつ、斡旋案にもとづいて旗を巻く。

こうして中央委員会は、炭労大会決定の「条件つき斡旋案受諾」を満場一致で受け入れた。満場一致は、これからの闘いを一丸となって進めるうえでぜひとも必要だった。そのために、翌日の午前二時一五分まで一六時間をかけた。

宮川組合長は締めくくりのあいさつでこう述べた。「炭労大会の決定を満場一致で確認するには実に忍びない気持ちがあったと思う。炭労の組織を守って総評の中で闘っていき、一二〇〇名を守り三池労組を守っていくことが、われわれに与えられた義務でもあるということで、賛成されたと思う。われわれは今日の議論を十分お互いの腹の中に納め、今後の行動の糧にしたいと思う。皆さんとともに一二〇〇名を守って、第二組合には絶対に頭を下げない。第二組合を切り崩してぶっつぶす。この決意を胸に、今日からの行動を開始していただきたい。そのことが、一切の闘いの基礎になる」。

三池闘争の終結

先の中央労働委員会斡旋案は生産再開に向け、労使による生産再開委員会の設置を義務づけた。組合側は炭労の「条件つき事態収拾方針」と三池労組の「三池の態度と決意」をもって、生産再開委員会の交渉に臨んだ。しかし会社の抵抗が強く、炭労は傘下の全組合に二四時間ストライキを指令した。対する会社はスト指令に反発して生産再開委員会の打ち切りを通告のうえ、中労委に斡旋を求めた。

そして一九六〇（昭和三五）年一〇月二九日に、ようやく生産再開協定の調印にこぎつけた。生産再開後における三池労組員の労働条件は先に三鉱連が締結したものを踏襲するため、実質賃金が大幅に低下することになった。

協定調印から三日後の一一月一日、三池労組は午後三時から三川鉱ホッパー前で、「スト解除・就労総決起大会」を開催した。労働基本権と生活を賭けて闘ってきたホッパー前での、最後の集会になる。

大会ではまず、総評と炭労が連名で「三池闘争のストライキ解除に当たっての共同宣言」を発し、三池闘争を次のように意義づけた。

……三池のたたかいを貫くものは、労働者階級としての限りない抵抗の精神でした。この精神こそが、三池闘争をして空前の大闘争として発展させた根本であり、同時に、これこそが平和と独立、民主主義を守る新安保体制反対のたたかいと離れがたく結びついたのでした。「安保と三池」は一九六〇年における労働者階級の抵抗の象徴であり、わたしたちの前進を示す指標でもありました。（中略）

あの焼けつくような真夏の炎天のもと、三池の労働者と家族、それをつつんで起こったわたしたち労働者二万のホッパーピケ、四〇万におよぶ全国の動員と約一〇億の資金カンパ、働く者の生活と権利を守るため、労働者階級の解放をかちとるため、わたしたちは、わたしたちのもてる全てのものをなげだしてたたかってきました。またこのたたかいは、すべての国家権力、一切の弾圧機関からわたしたちを守る手段は、わたしたち自身の団結の力以外にはないことを教えてくれました。

そして今後の労働運動の、前進を誓った。

続いて三池労組の「スト解除・就労宣言」を万感の思いとともに採択し、最後に、「全国の仲間に対する感謝決議」を鳴りやまぬ熱い拍手で発信した。

きびしい冷たさに霜柱がたっていた一月二五日、会社側ロックアウトに対決する無期限ストに突入して以来、南国の九州三池にふたたび冬を迎えようとする晩秋の本日まで、実に二八二日にも及んだはげしいたたかいを経た三池闘争は、中労委の再あっせんにもとづく条件交渉の妥結によって、ここに終結を迎え、ストを解除して、いよいよ生産再開にはいることになりました。（中略）

私たちは久保さんを失い、多くの仲間が傷つけられるという骨肉の犠牲をうけながらも、全国のきょうだいと結んだ団結で暴力に屈することなく、卑劣な裏切りにも動ぜず、マスコミの集中、官憲のはげしい弾圧、裁判所・中労委など権力を総動員した資本の総攻撃に抵抗してたたかいぬいてきました。（中略）

一年半をこえる炭労の六〇〇〇円カンパ。かつてない総評のカンパ。私たちよりもっと苦しい生活の中からよせられた尊いカンパ。全国の町村から、海をこえて遠い外国の同志からとどけられたたくさんのカンパや団結慰問袋、はげましの手紙や寄せ書きは私たちの一万円生活を支え、たたかいの大きな力づけとなり、限りないはげましとなったばかりでなく私たちの心を美しく強くしました。このたたかいの中できずきあげた労働者階級の連帯、団結の力は不滅ですし、政府、資本家に労働者の頑強な抵抗の力を示したことは大きな成果です。

（中略）

安保闘争、三池闘争を通じて平和と労働者の繁栄をたたかいとる力は大きく拡大されたし、平和と独立をねがう全世界の働く者の連帯と統一も強まり、もはや世界には資本家の絶対支配を許さぬ新しい力が高まっています。

私たちは、だからこそますますはげしくなるだろう敵の攻撃に屈せず、未来はたたかう私たちに輝くことを確信し、堂々と新たな前進をつづけることを誓います。

その出発点である「スト解除・就労総決起大会」にあたって全国の仲間の限りない支援・共闘にたいする感謝の意を表し、固い団結の握手をおくります。

一九六〇年一一月一日

三池炭鉱労働組合

三池炭鉱主婦会

そしてこの日午後五時過ぎ、三池労組は会社に対し、スト解除を告げた。同時に会社も三池労組の宮川睦男組合長に、ロックアウト解除の通告書を手渡した。会社と第二組合が意地になって生産した厖大な石炭は、三池労組のピケのため、ひとかけらも出荷できなかった。

1 奴隷の民

三池闘争が終わった。「去るも地獄、残るも地獄」がここから始まる。

4 戦後最大の炭鉱災害

1　非情の差別

三一二日ぶりの就労

三池闘争の終結から二四日が経ち、生産再開に伴う人員配置などの労使交渉が一九六〇（昭和三五）年一一月二五日に妥結した。一二月一日午前六時勤務開始の一番方から、就労を再開する。

再出発にあたり、三池労組の組合員は坑内帽のヘルメットを黒塗りにし、白色の線を三本巻いた。線の幅七ミリ、線の間隔も七ミリとし、三本のそれぞれに「団結・抵抗・統一」の意味を込めた。坑外用の布製帽子も三本線にした。三池労組員としての誇りを示す。人員は六九四二人で総数一万二七一七人の五五％を占め、第二組合は五七七五人、四五％という勢力比になっていた。

三池労組の機関紙『みいけ』は、生産再開当日の様子を次のように報じた。

> 坑内着に着替え、キャップランプをつけると、長らく遠ざかっていた坑内のにおいがプーンと鼻をついてきそうである。
>
> 繰込場では「ヤー」「オー」とばかり、組合員同士が手を取り合い、嬉しそうに肩をたたき合う光景がいたるところで描き出された。（中略）
>
> 繰込場には白線三本が圧倒的に多い。入坑する前から、はやくも生産現場の主導権は完全

三本線ヘルメット

にわれわれがガッチリと握っているという印象を、だれの胸にもつよく刻みこんだようであった。

第二組合員どもは、さすが裏切ったという良心に責められてか、顔をそむけたようにして視線が合うのを避け、しょんぼりとしている。はずんだ声で談笑しているのはほとんど組合員の三本線ばかりである。

意気高く、働く喜びに満ちている。だがその前途は、決して明るいものではなかった。

会社の報復開始

希望退職応募者と一二〇二人指名解雇によって多くの欠員を生じた職場では、大規模な配置転換が行なわれた。その結果、宮浦鉱の場合、高賃金職種の運搬工から低賃金職種の仕繰工へ配置替えさせられた者が三池労組員三二人、第二組合員なし、これに伴う減収月額七〇〇〇円ないし八〇〇〇円、三交替勤務の機械工から常一番（昼勤）の機械工への配置替えが三池労組員四〇人、第二組合員なし、減収四〇〇〇円ないし五〇〇〇円、などとなり、三池労組員への冷遇が徹底された。三川鉱も四山鉱も同様だった。その裏返しで第二組合員は、多くの者が高賃金職種をあてがわれた。

坑外の本所でも港務所でも、三池労組員は五〇〇〇円ないし八〇〇〇円の減収になった。事務部門で、仕事がまったく与えられないという事例さえ生じた。

そのような職種構成における冷遇に加え、会社は「合建《ごうだて》」による差別を徹底した。合建は鉱員の請負給を決める配分基準で、三人とか六人とかのチームによる請負総額に対し先山（職長）に一〇・五、後山（助手）に一〇、九・五、九の配分比を用い、各人の受取額を計算する。作業者がどの等級に格付けされるかは、職制の独断で決められた。

それを三池闘争前の職場闘争において、職制の独断排除のため輪番制を導入した。さらに等級の幅も、先山一〇・五と後山一〇の単純な区分に改めた。ところが三池闘争後の生産再開協定で会社は輪番制を廃止し、古い合建等級を復活させ、そのうえ先山が従来の一〇・五から一一に、後山の最低九を八にと、等級の幅を大きく広げた。賃金格差が拡大する。しかも経験が浅い第二組合員を先山に据え、熟練の三池労組員を後山にした。

差別は合建に限らず、生産に直結する作業とそうでない雑作業との人員配置にも及び、雑作業を三池労組員に押しつけた。本来の仕事から外されることで、労働者としての誇りが傷つく。加給金がない雑作業は減収になった。休日出勤や残業などの超過勤務に関しても三池労組員を無視し、第二組合員に優先して与えた。

もとより三池争議を解決に導いた八月一〇日の中央労働委員会斡旋案はその第六項において、

「生産再開にあたって会社は差別扱いをしないこと」と言い渡していた。それを会社は、まったく無視した。

「もうきつかったですたい。一万円生活の内容が何年でん続くとですもん」

島文枝さんは思い出すたびに、ため息を新たにする。

三池労組切り崩し

差別は報復にとどまらず、三池労組切り崩しの手段となった。生活苦にあえぐ三池労組員に対して会社は「歩合のいい仕事をさせてやる」「ボーナスが増える」「退職金が増える」と甘い言葉を掛け、三池労組からの脱退と第二組合への加入を誘った。息子や娘の就職の世話、あるいは結婚の見合い話で気を引き、出産が近い家庭には現金をちらつかせた。

職制による説得は職場に限らず、社宅まで出かけ、あるいは勤務後に飲食店で、執拗に行なわれた。旅館に缶詰で口説かれた者もいる。

幼い子が夜遅く、訪ねてきた。「明日から、一緒に遊ばれん」。泣きながら帰って行った。一人加入するたびに第二組合は、祝福の花火を打ち上げた。

第二組合との勢力逆転

就労再開から九カ月、一九六一（昭和三六）年八月に、期末手当の支給日を迎えた。炭労大手の妥結平均額は二万四五〇〇円で、三池の第二組合員にも同額が支給された。しかし三池労組員に関しては前年の争議期間を支給対象外と主張する会社との交渉がこじれ、中央労働委員会の斡旋で二万円の支給になった。

前年一二月の期末手当は第二組合の一万七〇〇〇円に対し、三池労組は争議解決に関する中労委の最終斡旋案にもとづいて一万円にとどまった。冬と夏を合わせると、差が一万一五〇〇円になる。

この一万一五〇〇円を餌に、三池労組員に対する猛烈な切り崩しが行なわれた。「八月一三日までに三池労組を脱退して第二組合に入れば、一万一五〇〇円を追加支給する」。

一挙に多数が第二組合へ転じた。その結果、八月一一日時点の在籍数が第二組合六〇九八人、三池労組六〇八一人となり、その差一七人をもってついに勢力が逆転した。会社と第二組合は自動車や単車など一六〇台で社宅パレードをし、歓喜の叫びを上げた。

会社と第二組合の平和協定

三池労組と第二組合の勢力が逆転した二カ月後、一九六一（昭和三六）年一〇月三一日に会社と第二組合は、「生産性向上、平和維持、労働条件の確保に関する協定」を締結した。「生産性の向上と平和の維持が企業の発展と組合員の生活向上を図る唯一の方途」とし、その原則を守るため「労使間の問題は誠意をもって自主且つ平和裡に解決を図る」。「平和裡」は、「この協定の有効期間中（引用注・二年間）は争議行為を行なわない。但し、企業整備による解雇についてはこの限りでない」と規定した。そして会社は第二組合に、「金一封を贈る」と覚書に書いた。

こうして第二組合は、憲法が労働者に保障するストライキ権を金一封と引き換えに会社へ売り渡した。会社はこの協定を、「画期的平和協定」と称えた。

内職と五人組

三池労組の組合員は、差別と抑圧に歯をくいしばって耐えた。

妻たちは苦しい生活を補うため、大半の者が骨身を削って働いた。三池主婦会の調査によると、大きな石を担ぎ上げる建設の日雇いで一日に二五〇円ないし三〇〇円、パン屋のアルバイトでは朝の八時から午後三時半まで立ちづくめで一五〇円、内職の造花や袋張りは朝から夜までかけて日に三〇円足らず、だった。ちなみに内職の三〇円という金額は、シュークリーム一個に相当した。

ある主婦会員は、「第二組合の給料を対照的に考えたならば、バカらしくてできたものではありません。けれど、労働者として道を外れた行動は、決して私たちが幸せになるはずはありません」と語り、自らに言い聞かせ、内職に励んだ。

世の中は、政府の国民所得倍増計画による高度経済成長の時代に入っていた。一〇年間で国民所得を倍にする、との目標のもとに経済活動が活発になり、消費も拡大し、テレビや冷蔵庫などの電化製品があこがれの的になった。しかし三池労組の組合員と妻たちに豊かさはほど遠く、清貧の暮らしがいつまでも続いた。

それでいて、みんなの心は明るかった。

「仲間ば信頼しとるけん、自然に笑顔が出るわけよ。本音を出して話ができるけん、笑顔になる。自分だけいい子になろうとは思わん」

斉藤清子さんの実感だ。島文枝さんが続けた。

「闘う仲間がおればこそ希望があるけん、三池労組におる。賃金だけが暮らしじゃなか。やっぱ権利がなけりゃ、働かれんよ」

組合員は職場と居住地で五人組をつくり、連帯を強めた。居住地では定期的に夫婦同伴で集まった。むずかしい話をするわけでなく、仕事や家庭のことなど断片的な雑談をするうちに各人の孤立感が薄れ、親近感が増し、仲間意識が高まっていった。職場では差別にくじけないように、心のスクラムを組んだ。五人組が三池労組における組織再強化の、核になっていく。

三池労組は就労再開直後の一九六〇（昭和三五）年一二月一八日に開催の定期総会で、それまで組織名の略称として用いてきた「三鉱労組」を改め、「三池労組」を名乗ることにした。三池闘争の誇りを組織名に込める。

2　労働条件の悪化と災害急増

一一万人合理化と炭労の石炭政策転換闘争

三池闘争中も闘争後も、石炭産業における一一万人合理化は各社でどんどん進んだ。希望退職募集、標準作業量の引き上げ、賃金の切り下げ、諸手当廃止、などが強行され、一方で閉山があいついだ。

炭労は対抗策として現行の石炭鉱業合理化臨時措置法に代わる新法の制定を目指し、一九六一(昭和三六)年九月二五日に総評と社会党との三者による石炭政策転換闘争最高指導会議を発足させた。さっそく社会党は翌六二(昭和三七)年一月に、「炭鉱労働者の雇用安定に関する臨時措置法」など三法案を国会に提出した。

社会党案の成立に向け、炭労は大手一三社労組が三月二八日に二四時間ストライキを打った。併せて東京への大量動員をかけ、宿泊用に八〇〇〇人分の幕舎を建てた。四月五日から、無期限ストに入った。

その四月五日午前二時、池田勇人首相が「最善を尽くす」と答えた。そして政府方針を文書で示した。「権威ある調査団を組織して現地に派遣し、その答申にもとづいて政府が石炭政策を決定する。決定するまでの間は石炭各社に新たな人員整理をさせない」との「当面の措置」が書かれていた。炭労は無期限ストを四月六日に中止し、東京への動員も四月七日をもって打ち切った。

第一次石炭政策

政府は先の「当面の措置」にもとづいて、石炭鉱業調査団(団長・有沢広巳東京大学名誉教授)を一九六二(昭和三七)年五月一一日に発足させた。調査団は全国の炭鉱を駆け足で調査して回り、答申案の大綱をまとめ、九月二八日に発表した。①生産規模は年五五〇〇万トン ②非能率炭鉱の閉山量は向こう五年間で一二〇〇万トン ③労働者数は一七万九〇〇〇人からおよそ六万人減らして五年後に一二万人台 ④生産能率は現行の平均二六トンから五年後には平均三八・五トン（大手四〇トン）に引き上げ ⑤炭価はトン当たり一二〇〇円引き下げ、以後はその炭価水準を維持 ⑥以上に要する設備資金は五年間でおよそ一七〇〇億円、炭鉱整備資金は八〇〇億円、計二五〇〇億円を見込む。

炭労は直ちに反対を表明した。現行の石炭鉱業合理化臨時措置法に輪を掛けて、中小炭鉱の切り捨てと大手炭鉱への生産集中が進むことになる。しかも能率の引き上げと炭価引き下げの数値による設定が、一層の労働強化と賃金などの大幅な切り下げを招く。炭労は怒りを込め、一〇月六日に二四時間ストライキを打った。

しかし調査団の答申大綱は、無修正のまま政府に提出された。政府は「答申尊重」を表明し、一一月二九日の閣議で「石炭政策大綱」を決定した。「第一次石炭政策」と呼ぶ。

この間の五月三一日に、一一万人合理化の一環として三菱鉱業の上山田炭鉱が全員解雇で閉山になった。「がんばろう」の歌を作詞した森田ヤエ子さんも解雇された。失業保険法による一年間の失業手当と、炭鉱離職者求職手帳による失業手当を二年間受給し、その後は失業対策事業の日雇い労働者として働いた。苦しい生活ながらめげずに作詞活動を続け、荒木栄さんと計一四曲を世に出した。

第三次再建案の提示

第一次石炭政策のもとで三井鉱山は、一九六三（昭和三八）年二月一六日に第三次再建案を組合側（三鉱連、三社連、第二組合、三池労組）に提示した。そしてその第一項に、「閉山と希望退職募集」を掲げた。美唄を四月一日、山野を九月三〇日、田川を明年三月三一日に閉山する。対象九〇〇〇人のうち半数は三池などへ配置転換し、他の者は全山の間接業務や女子を含め、希望退職を募る。

第二項には「職場規律」の見出しをつけ、「一斉一時間休憩を廃止し、休憩は係員の指示に従う」ことや「公傷による要休業日数は会社が決定する」など、会社の権限強化を盛り込んだ。

第三項の「管理」では、「入替採用の廃止」、「年次有給休暇の残日数棚上げ」、「会社の事情による休業の場合の休業手当を一〇〇パーセントから六〇パーセントに変更」など、労働条件の大幅な切り下げを図った。

さらにその後、労使交渉中の六月二〇日に次の追加提案をした。①当月末に支給の五月分賃金にさかのぼり一〇パーセント引き下げを一〇カ月間実施、引き下げ分は本人退職時まで無利子棚上げ　②当年夏と冬の期末手当は一万円支給、とする。

すでに働き終えた賃金をカットし、炭労の交渉前に低額の期末手当を一方的に提示する会社に三池労組は激しく怒り、翌日に抗議の二四時間ストライキを打った。三鉱連も二四時間ストを決行した。会社と平和協定を結んでいる第二組合は、黙々と生産に励んだ。

三池労組の不調印

三鉱連は二四時間ストライキに続き、さらに五日後の一九六三（昭和三八）年六月二六日から無期限ストに突入した。三池労組は会社に抗議する職場大会を開いた。

しかし三鉱連はわずか二日で闘いに限界を生じ、六月二八日に無期限ストを中止した。そして会社提案の第三次再建案をほぼ全面的に受け入れ、協定を結んだ。全従業員対象の賃金引き下げは「七月から九カ月間、六パーセント」、夏と冬の期末手当は「各一万円支給とし、炭労の交渉結果が一万円を上回った場合、差額を退職時まで無利子棚上げ」、となった。

一方で、美唄の七月二七日閉山、山野の九月三〇日閉山、田川の明年三月三一日閉山が決まった。山野と田川は第二会社に移行する。

三鉱連の妥結を受け、三池の第二組合も同様の内容による協定を翌六月二九日に会社と結んだ。併せて一人月額一一〇〇円の別枠賃金と引き換えに、平和協定を更新した。

この間、三池労組は第三次再建案に反対するとともに、差別排除、組織切り崩し排除、三池争議の責任追及不問、保安優先の要求で独自の立場を貫いた。会社は差別排除などにこだわる三池労組をなじり、「三鉱連および第二組合との第三次再建協定の内容を七月一日から三池労組にも適用する」と一方的に告げた。

それに対して三池労組は、「協定を認めない、だから調印しない」と決めた。不調印によって会社と三池労組との協定が存在しないことになり、協定がないので会社が第三次再建策を三池労組員に強制しても従わない。

三池労組最高幹部一〇人の解雇通告

第三次再建協定を不調印にした三池労組に対し、会社は宮川睦男組合長ら幹部一〇人の解雇通告書を一九六三（昭和三八）年八月二三日に突きつけた。すでに第三次再建案の提示に先立つ前年一二月二八日に、解雇の予告が行なわれていた。一〇人全員が三池闘争時の戦術委員会委員で、争議の責任を問う。解雇理由について会社は、「違法かつ不当な争議全般を企画し、指令し、実行させた。またその間に違法行為の発生を知り、あるいはあらかじめ知り得たにもかかわらず、これを放置した」と述べた。

これに対して三池労組は、分裂工作による第二組合の結成や強行就労など、会社にこそ違法があるときびしく反論した。しかし会社は聞き流し、第三次再建案の労使交渉を急ぎ、そしてこのたび八月二三日の解雇通告となった。

三池労組は怒りを込めてその日の一番方（午後二時勤務終了）と常一番（昼勤）を昇坑時一時間五〇分のストライキに入れ、組合員と主婦会員五〇〇〇人が抗議集会に結集した。翌八月二四日も近隣の労働組合の支援を含む一万五〇〇〇人で総決起大会を開き、解雇反対と第三次再建策反対の闘争貫徹を誓った。全国から一七七通の激励電報が届いた。集会後の抗議デモで、解雇通告書を会社に突き返した。解雇の不当を法廷で争う。

死亡災害の頻発

第三次再建策の実施直後、一九六三（昭和三八）年七月二四日から八月二九日の一カ月間に、四山鉱と三川鉱で四件の労働災害が発生し死者四人と重軽傷者一〇人を出した。

三池労組は八月三一日に、保安対策の団体交渉開催を会社に申し入れた。しかし会社は開催を拒んだ。九月三日にも要求した。会社はまたも応じなかった。九月一一日、三川鉱で炭車の操車事故が起き、一人が死亡した。一〇月一八日には四山鉱で落盤のため三人が亡くなった。翌一〇月一九日、三池労組は団交の開催を重ねて要求した。しかし会社は頑なに拒んだ。一一月五日、四山鉱で落盤が発生し、一人が命を奪われた。

こうして第三次再建策の実施後四カ月で死亡者が九人となり、年間換算で二七人の異常を呈した。その異常さは、過去の災害統計と比べ歴然としていた。

戦後の三池における災害死亡者数は、すでに述べた終戦直後三年間の五〇人台を経て、四九（昭和二四）年から五三（昭和二八）年の間に三一人、一八人、二〇人、一〇人、一一人と推移した。二桁ながら、労働組合の活動効果で減少をたどった。

そして五四（昭和二九）年から、三池労組は職場闘争を開始した。職場闘争で最優先に掲げた要求は保安確保だった。その反映で災害死亡者数が五四（昭和二九）年から五九（昭和三四）年にかけ、七人、八人、一〇人、三人、五人、一人、とほぼ一桁で推移し、しかも後半の三年は年間五人以下という、人命尊重の実績を築いた。

ところが一〇カ月間の争議が明けた六一（昭和三六）年に、死亡者が一挙に一六人へと跳ね上がった。会社が争議による生産空白を取り戻そうと焦り、労働強化を強いた結果、死亡災害の急増になった。もとより争議中に会社と第二組合が立案した三川鉱強行就労を突破口とする生産再開計画において、従来に倍する労働強化がすでに織り込まれていた。

しかも会社は三池労組の反対を押し切って、保安機構を改悪した。保安要員を常任から非常任に変更し、現場の五〇人に一人の割で選出し運営してきた現場保安委員を廃止する。生産優先の意図が明白だった。

そのため翌六二（昭和三七）年も、一五人の死亡者を出した。さらに六三（昭和三八）年は一月から六月までの四人に加え、七月からの第三次再建策実施で前記のように年間換算二七人の異常を招いた。

三池労組は犠牲者が第二組合員や組夫（三井建設の下請会社派遣鉱員）であっても災害発生のたびにストライキを打ち、会社に抗議してきた。そして保安団交の開催を要求する一方で、福岡鉱山保安監督局に対しても会社への保安勧告強化を再三にわたり申し入れた。炭労も三池の災害激増を問題にし、福岡鉱山保安監督局長に三池炭鉱の査察実施を強く求めた。要請を受け、福岡鉱山保安監督局は一一月一一日に入坑調査を予定した。

その矢先、一一月九日に三川鉱で、戦後最大の炭鉱災害が起きた。

三川鉱炭塵爆発で噴き上げたキノコ雲（三池労組提供）

3　おびただしい犠牲

三川鉱炭塵爆発

一九六三（昭和三八）年一一月九日午後三時一五分、三川鉱の第一斜坑で炭塵大爆発が発生した。死者四五八人、一酸化炭素ガス中毒患者八三九人、さらに遺族と患者家族を奈落の底に突き落とす、暗転の時刻となった。

第一斜坑は多目的の坑道で、石炭を運び出す揚炭ベルトコンベアー、ボタ（岩石）や資材を運ぶ炭車の軌道、坑内に毎分四〇〇〇立方メートルの新鮮な空気を秒速二・六メートルで送り込む入気の機能、を備えていた。壁にも高圧送電ケーブルや電灯線、電話線などの架設があった。一一度五〇分の傾斜角度を有し、坑口から一七七七メートルで坑底にたどり着く。

この第一斜坑とは別に、鉱員たちが入坑と昇坑に利用する人車専用の第二斜坑も同じ傾斜角度で坑口と坑底を結んでいた。

熱風と爆風で無残に破壊された第一斜坑坑口（三池労組提供）

坑底の先には三五〇メートル坑道と呼ぶ幹線坑道が水平に延び、その途中に上り坑道（昇）二本と下り坑道（卸）三本が分岐し、昇と卸に連なる何層もの水平坑道（片）を進むと採炭現場の切羽に行き着く。三五〇メートル坑道の下層深部には四五〇メートル坑道が、さらに深部に五二〇メートル坑道があった。蟻の巣のように張りめぐらせた坑道の長さを積算すると、八〇キロメートルに及んだ。

この日、午後三時前後の三川鉱坑内では、一番方（午後二時勤務明け）の残業者一三三人が仕事中で、二番方（午後二時勤務開始）の六七八人が人車を降りて現場に向かう途中、もしくは仕事を始めて間もない頃だった。一方で常一番（昼勤）の五九二人が仕事を終え、昇坑準備をしていた。合計で一四〇三人になる。

午後三時過ぎ、第一斜坑で炭車の巻き揚げ

が始まった。台車一輛に炭車一〇輛を連結し、坑底から地上に引き揚げる。炭車にはボタが満載され、一輛でおよそ四トンの重量があった。巻き揚げ開始後の初期加速を経て、炭車の上昇速度が秒速四メートルの定速に保たれた。いつものように、順調だった。

ところが五九〇メートルほど巻き揚げたとき、炭車の二輛目と三輛目をつなぐ金属製の連結環が突然、破断した。そのため、後部八輛の炭車が坑底に向かって逆走を始めた。しだいに加速して暴走になり、暴走の疾風が坑道や揚炭ベルトに堆積していた炭塵（石炭の粉）を舞い上げた。

炭車は斜坑と旧三一〇メートル坑道の交差点で先頭の一〇輛目が脱線し、後続も次々に脱線した。しかし止まらず、暴走の余力で八輛とも蛇行しながら落下を続け、坑道の壁に激突して鉄製の坑道支柱をなぎ倒し、引きずった。それらの金属の摩擦による火花、もしくは坑道支柱の強打で高圧送電ケーブルに絶縁破壊が生じ、それに伴う火花が浮遊中の炭塵に引火した。大爆発――。

その直後に、猛烈な熱と煙が爆風とともに坑口から噴き出して坑口付近の建物を無残に破壊し、建材のスレートやガラスの破片を巻き込み、上空一〇〇〇メートルに達する巨大な黒いキノコ雲になった。

一酸化炭素ガス

炭塵爆発に伴って、跡ガスと呼ばれる一酸化炭素ガスが発生した。爆発後も入気を送る扇風機が回り続けていた。そのためガスが入気に運ばれて坑道を伝い、奥深く広がった。四五八人の死者のうち、爆発の外傷による直接死は二〇人で、あとの四三八人は一酸化炭素ガスを吸って絶命した。二〇人と四三八人の人員比が、ガスの恐ろしさを語る。

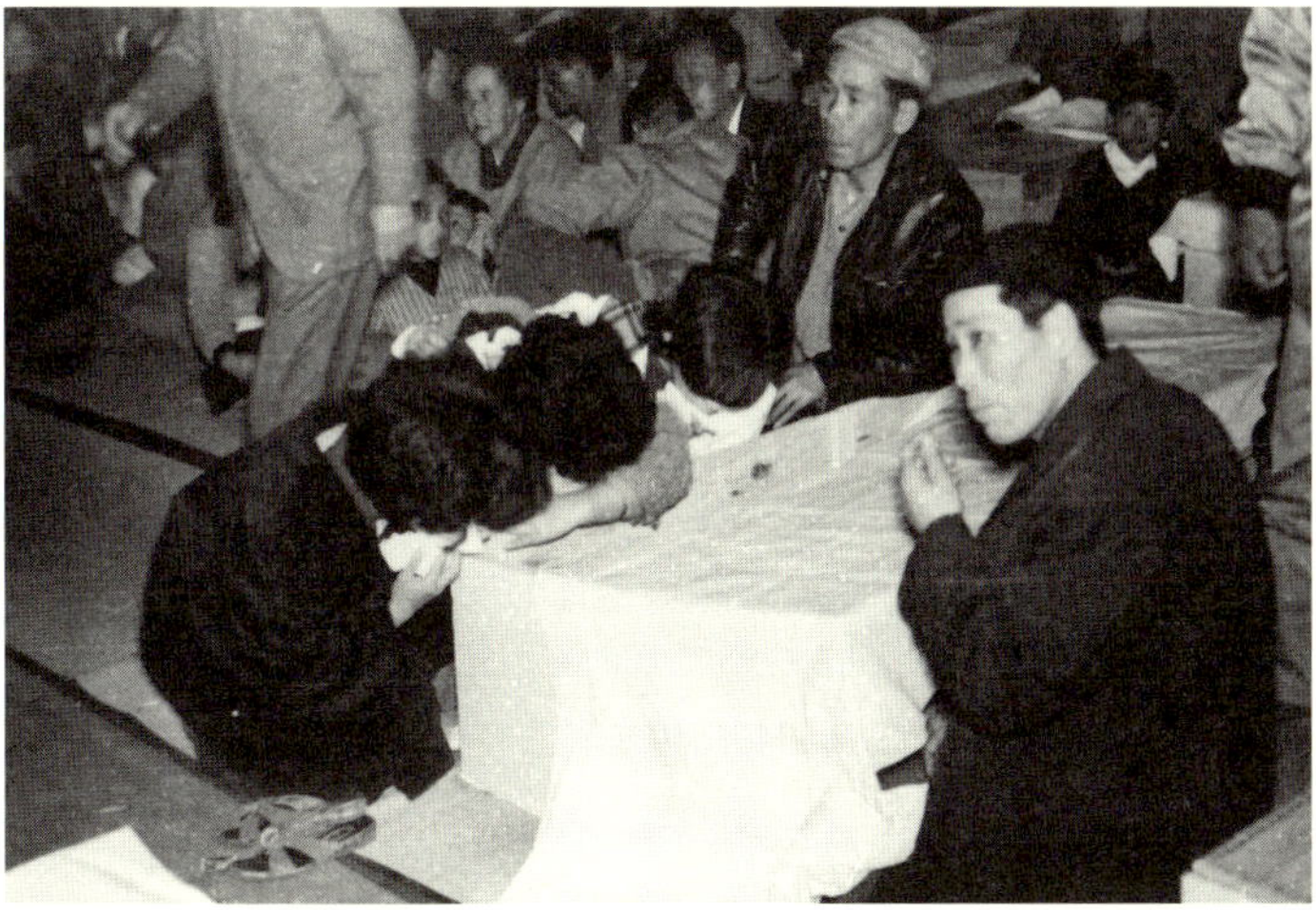

遺体安置所（三池労組提供）

二五歳の池畑重富さんは採炭機械の設置や移転などを担当する常一番の機械工で、三五〇《メートル》坑道の斜坑底からおよそ三《キロ》先の「二五昇」という現場にいた。昇坑準備をしているときに突然、停電した。〈おかしいなあ……〉と思った。電話も不通になった。みんなと三五〇《メートル》坑道まで出た。前方から、白い煙が吹いてきた。鉱員たちがバタバタと倒れた。池畑さんも足が動かなくなり、座り込んだ。大声でわめく者、歌を歌う者、南無妙法蓮華経を唱える者、脱糞をする者などの、「この世の地獄絵」を見るうちに意識が薄れていった。

池畑さんの現場からさらに一《キロ》先の「三六昇」に、二四歳の井上文雄さんがいた。坑道の枠張りを担当する常一番の仕繰工だった。この日の仕事を終え、昇坑するため五、六人の同僚とケージに乗った。するとほどなく、ケージが竪坑の途中で急に止まった。原因がわからず、スイッチを操作しても動く気配がなかった。やむなく非常階段を伝って降り、三五〇メートル《メートル》坑道の人車乗場に向かった。

乗場には、すでに乗車済みのはずの鉱員たちが人車の到着を待っていた。混雑と暗闇のいら立ちの中で、人車を待った。「停電しとるばい」と誰かが言った。人車をあきらめ、三五〇メートル《メートル》坑道を斜坑底までみんなで歩くことにした。闇の中を、無数の足音だけが響いた。

前方から、「ガスが来るぞーッ」と叫ぶ声が聞こえた。すでに池畑さんが襲われていた。〈ガスて、何のことかなあ……〉と井上さんは思った。キャップランプで前方を注意して見ると、足がもつれてよろけたり、座り込んだりしている鉱員たちの姿が目に入った。〈おかしかねえ……〉と思った。「危なかぞッ」と、誰かが叫んだ。その声でみんなが一斉に踵を返し、逃げるために走り始めた。体力のある者が井上さんを次々に追い越して行った。そして井上さんは、ガスに追いつかれた。ガスに侵されていく自分をこう記憶している。

「そのうちにね、膝が、膝から来るっとです、あれ（ガス）は。意識はね、ピシャッとしとる。まだどうげんなか。膝がカクーンとくる。立たんごとなる。ストーンとどん座る。どん座ってから、フラーッと全身麻酔されたようになって、倒れた」

救助の遅れ

一酸化炭素は体内で、血液中のヘモグロビンと結合する。その結合力は酸素よりもはるかに強く、そのため血液中の酸素が欠乏状態になり、中枢神経系が侵される。重症の場合は死に至り、死を免れても治癒不能の後遺症が残る。早く発見して酸素吸入を施し、患者を安静に保ち、一酸化炭素ガスを体内から排除することが初期治療の原則とされていた。

しかし会社は救助活動に迅速を欠き、爆発から二時間以上経過した午後五時二八分にようやく三川鉱所属の救護隊二六人を入坑させた。しかも跡ガスを考慮しない、無装備での入坑だった。災害規模が判明するにつれ、爆発から三時間余りのちの午後六時三二分に宮浦鉱所属の救護隊二六人を、四時間半後の午後七時五〇分に四山鉱所属の救護隊三七人を、坑道経由で三川鉱に向かわせた。救助の遅れが死者を増やし、ガス中毒を深刻にした。

一方で一酸化炭素ガスが坑道を伝って宮浦と四山に流入する危険性があるにもかかわらず、会社は宮浦と四山の入坑者に避難指示を出さないまま、仕事を続けさせた。人命よりも生産を尊ぶ。

初期治療の手抜き

三池炭鉱には、会社付属の三井三池鉱業所病院があった。内科、外科、産婦人科など八科を備えるベッド数三八四床の総合病院で、医師三四人と看護婦一〇〇人が所属していた。

爆発の三〇分後から、爆発現場付近の重度の外傷被災者が運び込まれ始めた。しかし三池鉱業所病院は大災害を想定しないまま通常通り午後四時に閉院し、宿直を除く他の医師と看護婦が帰宅した。やがて一酸化炭素ガス中毒の被災者が続々と搬入されるようになり、帰宅した医師と看護婦が急遽、呼び戻された。看護婦は第二組合員のみで、三池労組員の看護婦には連絡がなかった。非常事態でも三池労組員には超過勤務を与えない。

爆発から八時間後の午後一一時、池畑重富さんが運び込まれた。すでにこの日の空きベッド八三床が埋まっていた。池畑さんは付添婦の詰所に収容された。さらに患者がどんどん増えていった。三池鉱業所病院は大牟田市医師会や荒尾市医師会によるベッド提供の支援を断わり、診察室や待合室、廊下などに畳を敷き、患者を寝かせた。

やがて収容患者の総数が三六一人になり、それ以上の詰め込みが不可能になった。やむなく会社は、その後の患者を大牟田市内の二つの外科病院と荒尾市民病院に転送することにした。井上文雄さんは爆発から一二時間後、翌朝の午前三時に救出され、意識が戻らないまま大牟田市内の中島外科に回された。転送は計四〇人を数えた。

午前一〇時ごろ、五人の被災者がトラックで会社の病院に運ばれてきた。二人の息子を探す六一歳の溝口生松さんが駆け寄ると、荷台に長男が横たわっていた。〈苦しかったろう、きつかったろう〉とおろおろしながら後を追い、死体洗い場の耳鼻科へ向かった。坑内着を切り裂かれた遺体にホースで水が勢いよくかけられ、まるで魚を洗うように粉炭が洗い落とされた。遺体を引き取って家に帰り、悲しみのうちにお坊さんの読経を聞いているとき、次男の死亡の知らせを受けた。二人の息子を一度に亡くした溝口さんに、立ち上がる気力はなかった。

午後三時過ぎになって、被災者全員の坑外搬出がようやく終了した。最後に救出された被災者は、およそ二四時間にわたりガスを吸っていたことになる。

三池鉱業所病院では、詰め込みによる患者の雑魚寝が続いた。毛布一枚で、患者は寒さに震えた。大声でわめく者、暴れる者、夫を探す妻の呼び声などが入り混じり、初期治療に必要な患者

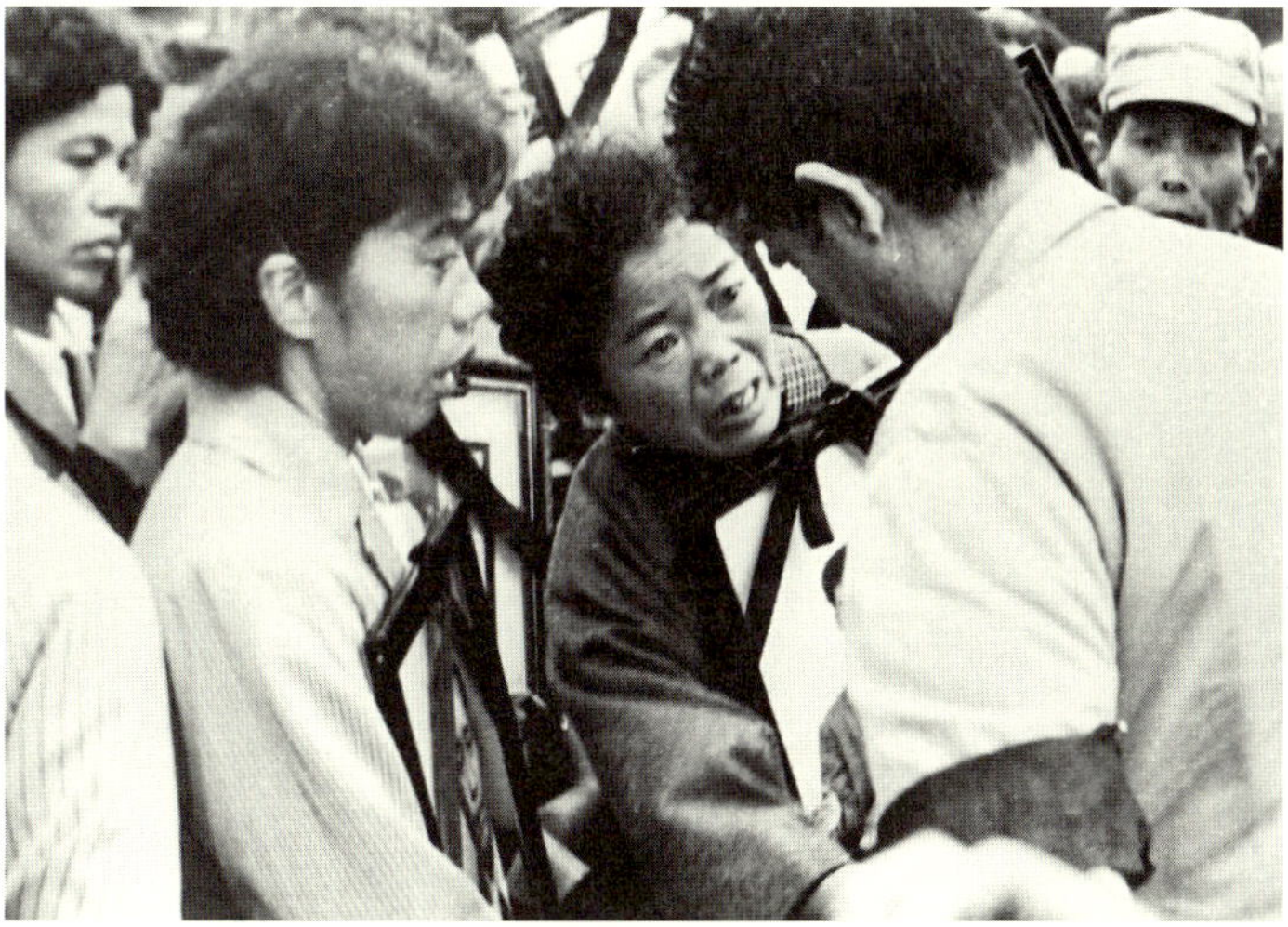

会社幹部に抗議する遺族（三池労組提供）

の安静は得られなかった。

安静どころか、三池鉱業所病院は患者が自力で歩けるか否かを入院判断の基準とし、歩ける者にはミカンを二、三個与えて帰宅させた。一酸化炭素ガス中毒にはビタミンCが効く、との説明だった。五四四人が帰宅した。そのうえ、この人数に含まれていない救護隊員八九人もガスを吸った。帰宅者の多くが同僚の通夜を手伝い、動き回った。

動くと体内の酸素消費量が増え、一酸化炭素の影響がより強くなる。帰宅させずに被災者を空きベッドのある他の病院に送り込んで病院内にとどめ、数日間の経過を観察するという、初期治療を省略したためのちに多くの患者が後遺症で苦しむことになった。

会社の保安怠慢

災害発生直後、三池労組は三川鉱の鉱長室

横に災害対策本部を設置し、役員の入坑による会社よりも早い独自の救護活動と情報収集を始めた。これに対して第二組合の菊川武光組合長は、「鉱長室の横に旧労の対策本部を設置させるのはおかしい」と会社に疑問を呈し、撤去させるよう求めた。最大勢力としての優越感がそのような発言となり、それでいて第二組合は積極的な対策活動をしなかった。

次の日、一九六三（昭和三八）年一一月一〇日に、三池労組は総評と炭労の三者で現地対策委員会を立ち上げた。そして、「この災害は会社の保安軽視と生産第一主義によって引き起こされた。労働者は命まで売っていない」と声明し、会社に対して「起こるべくして起こった災害」の責任を追及することにした。

三川鉱第一斜坑の炭塵堆積は、揚炭ベルトコンベアーと関係があった。ベルトコンベアーは幅が一メートル二〇センチで長さがおよそ一七〇メートルのものを一二台連結しており、各台のモーターで駆動するようになっていた。石炭とともに運ばれる炭塵がベルトの振動で舞い上がり、あるいは落下し、堆積する。爆発当時、一日当たり一万二〇〇〇トンを揚炭していた。四年前の、年間災害死亡者がわずか一人のときの三倍に相当した。

出炭が増えれば炭塵も増す。にもかかわらず会社は四年前に一二人配置していたベルトコンベアー要員を三池闘争後の合理化で一〇人削減し、爆発当時はたった二人で保守をさせていた。そのためベルトコンベアー要員は、炭塵の除去まで手が回らなくなった。爆発前の様子を多くの鉱員がこう証言した。「坑道の枠、成木（天井を支える坑木）、ベルトコンベアーの構造物、側壁ケーブルなどの上にはいつも一センチないし二センチの炭塵が堆積し、指で字が書けた。ベルトの運転中は炭塵が舞い立って、もやがかかったようになった」。

石炭鉱山保安規則は「坑道に炭塵を多量に集積させてはならない」と定め、爆発防止のため「爆発性の炭塵が飛来し集積する箇所には岩粉を散布し、または撒水するなどの適切な措置」を義務づけていた。「撒水の量は、爆発性の炭塵が充分に湿潤となり、爆発しないようになる程度でなければならない」。

しかし会社は災害発生前の六月三日に発行した社内報『くろだいや新聞』に、「石炭が水分を含むとカロリー低下で販売価格に影響する」との営業部門の苦情を掲載し、「水分がつかないようにしてもらうことが私たち営業マンの最大の願いです」と書いた。つまり石炭鉱山保安規則を無視して散水しない、との会社方針になっていた。

福岡鉱山保安監督局の森本伊佐夫局長は、参議院の石炭対策特別委員会と社会労働委員会が災害発生直後の大牟田において合同で実施した事情聴取に応え、こう述べた。「四月二八日に会社に清掃を指示したが守られていなかったようだ。散水用のシャワーは錆ついて使用していなかった」。会社の「聞きっ放し」と行政の「言いっ放し」が、大事故の素地になった。

とうちゃんば返せ

爆発から二週間、一九六三（昭和三八）年一一月二三日に三池労組は笹林公園で、一万人の参列による組合葬を執り行なった。高椋龍生さんの詩「とうちゃんば返せ」が、重く、重く響き渡る。

折り重なった死体の
その口元は苦悶に歪み
「保安サボの責任をとれ！」と
はげしく　抗議していた
まっ黒く汚れ
虚空を掴み上がろうとする
その手は
いつか
きっと
しあわせを掴む日のための
差別にすり切れた手だった

坑壁にうちつけられた死体の
頭は砕け
カッと見ひらいた　両眼は
「この人殺しめ！」と
かぎりなき怒りをこめて
その一点をきつく　ねめつけていた

灰色の血なまぐさい煙と
ガスのたちこめる中を
救護隊のキャップランプが
昇華した
四五〇人の人魂となり
右に　左に
よろめき　ゆらめき合い
吹き飛んだ
俺の首を返せ
腕を返せ
足を返せと絶叫しながら
迫ってくる

「こげんか姿になって
おどんたちあ　あしたからどげんすっと
よかつかい」

僕のとうちゃんば返してください
わたしの夫を返せ
ひとり息子ばかえしてくれ

「石炭の一かけらと
人間の命のどっちが大切かつか
お前どんがいっぺん死んでみろ！」

「この責任は誰がとっとか」

うちの
とうちゃんば返せ
夫を返せ
銭はいらん
ひとり息子ば早よ返せ！

はてしなき
悲しみの底から

三池労組の組合葬（三池労組提供）

ほとばしり出てくる　一かたまりずつの
怒りの火が
ぐんぐんとおしひろがり
とめどなき焔となって
地底から
つき上げてくる

これまで会社は三池労組員を徹底的に差別し、第二組合員を優遇してきた。しかし、三川鉱の災害は差別をしなかった。亡くなった四五八人のうち三池労組員は一六三人で、第二組合員は二四二人、さらに職員二五人と組夫二八人が命を奪われた。在籍組合員数は三池労組が三六〇〇人、第二組合が六五〇〇人となっていた。

総評と炭労と三池労組の現地対策委員会は、委員会設置直後に全殉職者四五八人の家庭を弔問し、花輪を捧げた。その弔意に対して第二組合の幹部は、「花輪を受け取るな」と第二組合員に指示した。

三池労組の組合葬が終わったのち、緑ヶ丘社宅で、第二組合員が第二組合の幹部に詰め寄った。「うちの葬式はいったいどうなっているのかッ。お前たちは何をしているのかッ。お前たちは何のための執行部かッ。三池労組は終わっているではないかッ」。

死者を悼む心がなければ、それはもう労働組合とは言えない。

4　責任不問

一〇億円融資

四五八人の死者を出した三川鉱炭塵爆発は、一九一四（大正三）年に起きた三菱鉱業方城炭鉱の六八七人に次ぐ日本の炭鉱史上で二番目となり、戦後では最大の炭鉱災害となった。犠牲者の規模を大正時代に逆戻りさせた三井鉱山の、責任は重い。

政府は災害二日後の一九六三（昭和三八）年一一月一一日に、次官会議を招集した。そして臨時対策本部の設置や技術調査団の派遣、三井鉱山への一〇億円融資、などを決めた。

さっそく三井鉱山の栗木幹社長は記者会見で、こう言った。「宮浦鉱を利用して今週末にも生産を一部再開したい。再建資金は財政資金に頼るしかないと思う。政府がとりあえず一〇億円の融資を決めてくれたのはありがたい」。

社葬による死者への弔いはまだ終わっていなかった。

福岡県警の捜査

災害発生の三日後、一九六三（昭和三八）年一一月一二日に通産省は、災害原因調査のため三池災害技術調査団を編成した。九州大学の山田穣名誉教授を団長とする九人で、翌日から福岡鉱山保安監督局の案内で現地調査を始めた。

そして一二月二六日に調査団は、中間報告書を通産大臣に提出した。「第一斜坑の事故は炭塵爆発」と結論づけた。ただし、「炭車連結環の破断原因は技術的な確証不明、発火源は炭車などの金属物の摩擦もしくは送電ケーブルの絶縁破壊で特定困難」と記述した。

この山田調査団による災害原因調査とは別に、福岡県警察本部は炭塵爆発を業務上過失致死傷容疑事件として捜査するため、一一月一三日に捜査班を鑑定団とともに入坑させた。鑑定団は、九州工業大学の荒木忍教授を団長とする六人で編成された。荒木教授は炭塵爆発に関する権威として知られ、山田調査団にも加わった。

入坑した荒木団長は、爆発地点の坑道の床が水で掃き清められていることに気づいた。のちに鉱員が「会社に言われて竹箒で炭塵を払い落とし、床に水を撒いて洗い流した」、と証言した。証拠隠滅を図ったことになる。とはいえ爆発調査に必要な炭塵は、他の個所から充分に採取できた。

発火原因の調査では、三川鉱の倉庫に保管していた第一斜坑災害現場の遺留品の中から、高圧送電ケーブルの絶縁破壊による被覆破損を見つけた。破断した連結環は鋼屑を使った材質粗悪品で、しかも三年ごとに新品と交換する決まりを無視して一〇年間も使い続けたことが判明した。

遺族会の結成と殺人罪での告訴

災害発生から一カ月余りのち、一九六三（昭和三八）年一二月一二日に、三池労組員殉職者一六三人の遺族による遺族会が結成された。会長の丸山昇さんは二三歳の長男に先立たれた。遺族六八〇人のうち、妻一五〇人、乳幼児五四人、小中学生二五四人、六〇歳以上五四人が、生計の担い手を失った。

遺族会は総評の支援を受け、会社に対する刑事責任追及の準備を進めた。そして六四（昭和三九）年九月八日に、丸山会長ら六人の告訴人が総評弁護団の佐伯静治弁護士を代理人として、三川鉱炭塵爆発発生時の栗木幹社長など三井鉱山の関係者四人を殺人および鉱山保安法違反で福岡地方検察庁に告訴した。労働災害で殺人罪を問う告訴は、日本で初めてのことになる。

福岡鉱山保安監督局も一二月一八日に、災害発生時の安田正夫三池鉱業所所長ら一一人と鉱業権者の三井鉱山を鉱山保安法違反ならびに石炭鉱山保安規則違反で福岡地検に書類送検した。

第二次石炭政策と炭鉱災害激増

三井鉱山に対する刑事告発が続く中、一九六五（昭和四〇）年四月に政府の石炭政策が第二次へ移行した。第一次では閉山があいつぎ、生産実績が目標を四〇〇万トン下回る五一〇〇万トンにとどまった。三井鉱山の、戦後最大の炭鉱災害も起きた。にもかかわらず第二次では対策に言及することなく、年間生産目標量を第一次と同じ五五〇〇万トンとし、石炭企業の経営安定のため炭価の引き上げや借入金の利子補給を盛り込んだ。

これに対し炭労は、「第一次調査団の答申が犯した炭鉱崩壊の根本原因を追及しないで、危機の原因を価格問題にすり替えた。危機を一層深化させる」と批判した。第一次調査団と第二次調査団は、団長も団員も同じ顔ぶれだった。

危機の深化の一端が、生産能率優先のもとで災害となって現われた。二月二二日に北海道炭礦汽船夕張炭鉱でガス爆発（死者六一人）、四月九日に日鉄鉱業の伊王島炭鉱でガス爆発（死者三〇人）、六月一日に山野鉱業（三井鉱山の第二会社）の山野炭鉱でガス爆発（死者二三七人）、同じく六月一日に上尊鉱業の糒炭鉱でガス爆発（死者一〇人）、などが起きた。

山野炭鉱の死者二三七人は、戦後二番目の規模になる。戦後最大の三川鉱炭塵爆発から一年七カ月しか経っていなかった。炭労は第二次石炭政策を、「人殺し合理化」と呼んだ。

炭塵爆発説の否定

第二次石炭政策への移行と時期を同じくして三井鉱山は、三川鉱炭塵爆発の責任回避に動き始めた。政府調査団の中間報告書は「炭塵爆発」、荒木鑑定団も「炭塵爆発」で報告書をまとめる段階にあった。その「炭塵爆発説」を覆す。会社は政府調査団の団長だった山田穣九州大学名誉教授と荒木鑑定団員の柳本竹一九州大学助教授に対し、個人の立場による再調査を依頼した。調査の費用は会社がまかなった。

山田名誉教授と柳本助教授はさっそく一九六五（昭和四〇）年四月から、三川鉱の第一斜坑で再調査を始めた。第一斜坑はすでに前年の一月に爆発現場の復旧工事が完工し、三川鉱の生産も再開していた。この、爆発直後とまったく異なる状況の第一斜坑から堆積物を採取する。

そして一二月一一日に、「三池鉱業所三川鉱第一斜坑における風化岩石粉及び炭塵の堆積状況について」と題する論文を福岡地方検察庁に上申した。「風化岩石粉」は第一斜坑の壁が風化して落ちてくる砂のような石の粉で、論文には「炭塵は微量、風化岩石粉が大量で、その比率は炭塵を一として風化岩石粉が天井で二七九、同左上で五〇八、同右上で九八五、同左下二八八、同右下二三……」との数値が書かれていた。

この論文をもって会社は、「風化岩石粉が石炭鉱山保安規則による炭塵爆発防止のための『岩粉』と同様の効果を発揮し、従って第一斜坑の爆発は堆積炭塵によるものではない」との主張の根拠とした。そして、「揚炭ベルトの原炭に付着していた炭粉による爆発」を唱えた。原炭が爆発の要因だとすれば、不可抗力として法的責任を回避できる。「炭塵爆発説」に対し、「風化砂岩説」と呼んだ。

爆発前の炭塵の量を鉱員たちは、「指で字が書けた」と証言した。炭塵は生産によって発生する。一方の風化岩石粉は自然現象で落下する。自然現象による量が生産による量を何百倍も上回ったと、山田名誉教授らの再調査は結論づけた。この結論が科学的に正しいとすれば、第一斜坑のアーチ型の壁はとっくの昔に風化し、崩れ落ちていてもおかしくない。しかしキノコ雲を一〇〇メートルも噴きあげた爆発に直撃されながら、アーチ型の壁はびくともしなかった。

ともあれ、山田名誉教授は自身が団長として取りまとめた政府調査団の報告書を、自ら否定したことになる。

一方でこの間の六月三〇日に福岡県警察本部は荒木鑑定書をもとに、災害発生時の安田正夫三池鉱業所所長や池田弘三池鉱業所技術担当次長ら一一人を業務上過失致死傷と鉱山保安法違反で福岡地方検察庁に書類送検した。

不起訴処分

「風化砂岩説」が一九六五（昭和四〇）年一二月一一日に福岡地方検察庁へ上申されたのち、それまで炭塵爆発の荒木鑑定書で捜査を進めてきた福岡地検の捜査陣になぜか人事異動があいついだ。六六（昭和四一）年の一月から五月にかけて検事正、主任検事、次席検事が転任し、三川鉱炭塵爆発に関する捜査経過を知る者が一人もいなくなった。代わって新チームが編成された。

そして時効まであと三カ月足らずとなった八月一三日、福岡地検は三川鉱の炭塵爆発に関し、不起訴を決定した。「炭車の連結環破断は目撃者死亡のため特定できず、原因未解明。火源は一つの原因に特定できず、証拠不十分。炭塵爆発は多量の炭塵を集積させたとの事実を認めるに足る証拠がなく、嫌疑不十分。よって鉱山保安法違反と業務上過失致死傷ならびに殺人の訴えは、容疑不十分につき不起訴とする」。

遺族会の丸山昇会長ら告訴人六人は不起訴を不服とし、総評弁護団の弁護士一九人を代理人に立て、審査申立書を福岡検察審査会に提出した。「起訴相当」の議決を求める。

しかし八月二四日に開催の第一回検察審査会では、有権者の中から選ばれた審査員の反応はまったくなかった。福岡検察審査会は一〇月二六日に、「不起訴処分相当」の決定を下した。そして一五日後の一一月八日に、この事件が時効になった。

こうして三川鉱第一斜坑の炭塵爆発はおびただしい犠牲者を出したにもかかわらず、誰一人として責任が問われないまま捜査の幕を閉じた。不起訴によって、三井鉱山の社名が無傷で守られた。舞台の裏で動いた権力の、すごさが透けて見える。

そして第二次石炭政策が、大手を振ってまかり通った。

5 職場復帰優先の患者対策

遺族に対する償い

会社は三川鉱の災害発生直後から政府の支援を受け、一〇億円の緊急融資をはじめ生産再開に向けて手厚く守られてきた。一方で会社は、死亡した四五八人と遺族、一酸化炭素ガス中毒患者八三九人と家族に対して、どのような償いをしたのだろうか。遺族や患者の生活補償は切実な問題だった。

三池労組は災害発生一二日後の一九六三（昭和三八）年一一月二一日からほぼ連日にわたり、会社と団体交渉を重ねてきた。そして団交一カ月を経てようやく一二月二一日に、炭労を交えた中央交渉で遺族に関する合意が成立した。①弔慰金四〇万円（要求一〇〇万円、石炭業界における相場一〇万円）②遺族の男子適格者を入替採用、妻など女子の就職斡旋、就職するまでの待機手当一カ月七〇〇〇円支給　③遺族の社宅居住について善処　④帰郷に伴う荷造り運送費の一部会社負担　⑤組夫の補償については当該会社と三井鉱山が協議し善処する。

殉職者の退職金は三池労組員が平均で六五万六〇〇〇円、第二組合員には九八万四〇〇〇円が支給された。三二万八〇〇〇円の差がついた。差別賃金が退職金に跳ね返ったことによる。しかも算定基礎となる賃金が会社の第三次再建策で六パーセント棚上げのため、その分、減額になった。法定の遺族補償費も第二組合員の平均一一九万八〇〇〇円に対して三池労組員は八四万六〇〇〇円となり、三五万二〇〇〇円の差が生じた。

遺族の妻の就職対策に関しては翌六四（昭和三九）年一〇月一日に、誘致による縫製工場とアソニット工場が操業を始めた。縫製工場は作業衣やトレーニングパンツを製造し、アソニット工場はセーターを編む。殉職者四五八人には既婚の妻が四〇二人おり、そのうち縫製工場に一〇一人、アソニット工場に一三四人が就職した。三池労組が三井鉱山に「一日三〇〇円の生活補給金支給」を約束させるほど、両工場とも労働条件が悪かった。しかも子供の病気や本人の体調不良などで休むと賃金がカットされるため、収入が生活保護の水準に満たない事例も多く発生した。

収入不足を補うため、夫の死の代償の退職金や遺族補償費を泣きながら取り崩していった。

一酸化炭素ガス中毒患者に対する償い

炭塵爆発が死者を差別しなかったのと同様に、一酸化炭素ガス中毒患者も三池労組三一九人、第二組合四二七人、職員組合五九人、組夫三四人の分布になった。

三池労組は前記の遺族に対する要求と併せ、一酸化炭素ガス中毒患者に関しても会社と交渉を重ね、一九六三（昭和三八）年一二月二一日に合意が成立した。①治療費は労働者災害補償保険法（労災保険法）の定めによる　②休業補償（要求一〇〇パーセント）は労災保険法の補償（平均賃金の六〇パーセント）を含み平均賃金の八〇パーセント　③入院者と通院者に対する見舞金を支給　④入院者の付き添い家族に一人分の給食支給　⑤熊本大学、久留米大学、九州大学の入院患者を見舞う家族に交通費を支給　⑥治癒後に現場復帰した者に対し、今次災害による疾病を理由とする解雇はしない。

休業補償が八〇パーセントにとどまったことで、患者と家族の生活が苦しくなる。

深刻な症状

この時点における患者の状態はどうだったのか。

井上文雄さんは中島外科に入院して以来、医師に「今日は何月何日か?」「朝食は何を食べたか?」と聞かれても答がわからず、返事ができない日々を続けてきた。二桁の足し算もできなかった。ある日、タバコを買いに外出し、以前と同じ金額を払ったのにお釣りがあると思い込み、店の前でじっと立ちつくした。そのうえ方向音痴になり、幼児のようにべそをかきながら「帰るばい、帰るばい」と歩き回った。

記憶障害だけでなく、温厚で親孝行だった井上さんが急に感情を激し、自分で制御できなくなるという症状も抱えた。発症のたびに、母親や看護婦に当たり散らした。性格の変化や粗暴化傾向は、一酸化炭素ガス中毒患者の特徴的な症状とされている。

「恋愛も一応はしよったばってんがな、やっぱ三井鉱山の合理化のあれ（犠牲）になって、とうとう恋愛しとる人と一緒になれんやった。人の人生まで滅茶苦茶にしとるとですよ三井鉱山は。生活だけじゃなくてですね。こんな無茶苦茶な話、なかばってんが……」

そこまで話して井上さんは声が潤むのを打ち消すように「チェッ」と舌打ちし、そして息を深く吸い込んだ。

一方で池畑重富さんは会社の病院に入院した翌日に、医者だったか看護婦だったかに「病院は患者が多かけん、家に帰って良か空気を吸った方がよか」と言われ、「ほんならそれの方がよかばい」と、喜んで帰宅した。家では目まいや吐き気などの症状が何日か続いた。だけど日が経つにつれて小康状態になり、体調が落ち着いてきた。

「ほんならちゅうて外に出て、若いもんと一緒にソフトボールばしよったですたい。して、ポーンと打って、走ったですたい。そしたら目の前が真っ暗になって、一塁のベースを掴んで（うずくまって）じっとしとったとです。今度は守備についたら、球が〈捕れたッ〉と思っとっとに、『なんで手を出さんとばッ』ち周りが言いよる。〈捕れたッ〉と自分の頭で思うとっても、体が動いとらんわけや、全然」

被災前にスポーツ万能だった池畑さんは後遺症に苦しみながら、三池鉱業所病院への通院を続けた。

わが子の顔も名前も忘れた患者が何人もいる。「お前は誰か?」と聞かれた子供は、まるで他人の質問に泣き出した。食事中にお膳をいきなり引っくり返す人、手当り次第に物を投げる人、入れ歯を喉に引っ掛けても気づかない人、畳をひたすらむしる人、軍隊時代の敬礼を笑顔で繰り返す人、排泄の仕方を忘れた人、性機能が不全になった人……、患者の症状は様々だった。妻や親の介助がないと、物事を満足にできない。そのうえ頭痛や目まい、吐き気、耳鳴り、不眠などの病状を抱えた。

介助と家事に追われ、多くの妻が体調を崩した。しかも内職やパートの勤めが介助で制約されるため、収入減による生活苦にも耐えなければならなかった。子供たちは父親の暴力におびえ、憎み、心が離れていった。

そのうえこの先、治療よりも職場復帰を優先方針とする政府医療機関によって、不合理な扱いを受けることになる。

三池医療委員会の発足

三川鉱の炭塵爆発から一カ月余りのちの一九六三(昭和三八)年一二月一五日、厚生省と労働省の依嘱による三井三池災害医療調査団が三池に入った。内村裕之東京大学名誉教授を団長とし、一酸化炭素ガス中毒患者の医療状況や後遺症などについて調査した。そして一二月二五日に、報告書が厚生大臣と労働大臣に提出された。

この報告を受けて労働省は、患者に対する医療組織として三池災害一酸化炭素中毒患者医療委員会（三池医療委員会、委員長・勝木司馬之助九州大学教授）を一二月二八日に発足させた。

三池医療委員会は労働省の諮問機関なので、患者への医学的対応よりも労災保険法による保険給付や患者の職場復帰に関心が向いた。まずは翌六四（昭和三九）年一月一六日に開催の第一回委員会において、「被災患者の症状度判定基準、健康管理方式、就業条件などの決定およびその具体的実行の管理」について検討した。早くも「就業条件」が議題になる。三井鉱山は一月二一日予定の三川鉱生産再開に向け、一人でも多くの労働者を必要としていた。

大牟田労災療養所の開設

「症状度の判定基準」や「就業条件」を決定した三池医療委員会は次に、「被災患者の集約的収容」と「メンタル・リハビリテーション」の実施について労働大臣に提言した。「重症者」五四人が入院中の九州大学、熊本大学、久留米大学の付属病院と、「中症者」八八人が入院中の三井三池鉱業所病院本院をそのまま継続させ、一方で市内の開業医病院や三池鉱業所病院付属分院に入院中の「軽症者」一三五人を新設の療養所に一括収容のうえ、リハビリで患者の機能回復を図る。

この方針にもとづいて労働省は、三井系企業が所有する二つの結核療養所を買収した。ベッド数は計一三二床あった。一九六四（昭和三九）年二月八日に買収契約を済ませ、直ちに厚生省の開設認可を受け、買収からわずか二日後の二月一〇日に労働省福祉事業団大牟田労災療養所の名称で使用を始めた。

さっそく患者が入所し、井上文雄さんも中島外科から移った。しかし大牟田労災療養所は開設を急いだため、所長の人選、医師団の選任、リハビリの体制などがまだ整っていなかった。患者たちは思い思いに軽い運動をしたりして、時間を過ごした。薬は、市販のアリナミンが支給された。三井鉱山は療養所の職員不足を補うため、自社の職員を派遣した。その職員が「メンタル・リハビリだ」と言って会社の社内報を配り、読むように指示したので患者に抗議された。

荒尾職能回復指導所の開設

大牟田労災療養所の開設によって、入院患者の集約がひとまず終わった。その集約は患者を、大学病院などの重症者と大牟田労災療養所の職場復帰予備軍とに振り分ける作業でもあった。

一方で、入院をしていない在宅の被災者も多数いた。被災から八カ月後の一九六四（昭和三九）年七月時点で、在宅被災者のうち四四八人が通院中と判明した。厚生省が精密検査をした結果、三〇人が入院を要し、三五一人が通院を必要とする、と診断された。

労働省は三池医療委員会の提言を受け、三五一人を対象とする昼間のリハビリ施設開設に動いた。要入院の三〇人は、大牟田労災療養所の入院患者と順次入れ替える。さっそく三井鉱山が、三五〇人収容可能な体育館を提供すると申し出た。

一二月一日、通所による昼間リハビリ施設の荒尾職能回復指導所がひとまず開所した。組織上、大牟田労災療養所に付属する。

そして翌六五（昭和四〇）年三月三〇日に、入所式が執り行なわれた。職能回復指導と言っても実際はバレーボール、ソフトボール、バドミントンなどによる体力向上が主体で、午前中の三時間を充て、患者は毎日、疲れ果てて帰宅した。個々人の症状に見合う、治療としてのリハビリは行なわれなかった。

池畑重富さんも入所した。しかし従来からの頭痛、目まい、疲労感は少しも改善されず、苦しみが続いた。

患者家族の会結成

荒尾職能回復指導所への入所と同じ時期、一九六五（昭和四〇）年三月二四日に、三池労組員の家族による三池炭鉱一酸化炭素ガス中毒患者家族の会が結成された。「一人で家の中にいたら死にたくなるし逃げ出したくなるような、同じ苦しみと悩みを持っている者同士が集まって、お互いを励まし激励しようではないか。私たちが毎日味わっている苦しみと悩み、毎日見ている患者の実態などを私たち自身が訴えて、闘いを広めようではないか」。

三一九人が加入し、主婦会会長の久保時江さんが患者家族の会の会長を兼務した。

結成直後の五月一日のメーデーでは会員たちが全国各地の会場に出かけ、被災の実態報告と支援の要請を行なった。これまで人前でしゃべった経験がないからと、夜の海岸や裏山に行って大きな声で何度も原稿を読み、練習を重ねてメーデー会場の演壇に立った。
以後、患者家族の会は会社や政府に対し、災害責任の追及、完全治療と賃金補償、解雇反対の闘いを進めていくことにした。

6 労災補償打ち切り

大牟田労災療養所の一方的退院勧告

患者家族の会が発足して間もない一九六五（昭和四〇）年四月三〇日、大牟田労災療養所は開所から一年二カ月となるこの日に、入院患者のうち二三人（三池労組員九人、第二組合員九人、職員五人）に本人の同意がないまま退院を勧告した。退院すると、後遺症を抱えた体で職場復帰しなければばならない。

一方的な勧告に三池労組は抗議し、患者家族の会は座り込みを始めた。三池労組は福岡労働基準監督局と交渉を重ね、「入退院に関しては、今後は労働組合との話し合いによる」と七月一〇日に取り決めた。

しかし一二月二三日に大牟田労災療養所は、四三人（三池労組員二五人、第二組合員一五人、職員一人、組夫二人）に対してまたも退院勧告を行なった。

総評と炭労と三池労組は労働省と交渉し、六六（昭和四一）年一月二七日に覚書を交わした。「入院または退院の具体的措置を講ずる場合は事前に組合側と話し合いを行ない、相互了解のうえで実施する。この場合、患者が組合側の医師の診断を求め、大牟田労災療養所担当医師の診断結果と食い違いがあるときは両者間の意見の調整をし、その結論によって処理する。結論を得られない場合はさらに権威ある医師の判断を待つ」。

ところが大牟田労災療養所はこの覚書を無視し、二月、四月、七月、九月の四度にわたり退院勧告をした。第二組合員と職員は組合幹部の説得を受け、やむなく退院していった。

「組合原性疾患」

大牟田労災療養所の再三にわたる退院勧告は、一人でも多くの患者を一日も早く職場復帰させる、との役割を同所が暗黙のうちに課せられていたことによる。安河内五郎所長は就任以来、入所者に「病は気から」「大人に戻れ」と説いてきた。また、『九州神経精神誌』第一二巻に投稿した「三池炭鉱爆発によるCO（引用注・一酸化炭素）中毒患者の回復過程における社会心理要因の影響」と題する論文では「疾病利得」との表現を用い、休業に伴う各種の金銭的補償が患者の退院を遅らせる要因になっている、と論じた。

しかし実態は「利得」どころか、病と生活の二重苦による「損失」の方がはるかに大きかった。

この「疾病利得」に加え、九州の神経精神学会では「医原性疾患」をもじって「組合原性疾患」という造語が平然と語られた。「組合」とは、三池労組を指す。大牟田労災療養所の退院勧告に伴う抗議行動などを引き合いに、治療優先を主張する三池労組の方針が患者に反映して「作為的な自覚症状の訴え」となり「入院を長引かせている」、と「組合原性疾患」が語る。

かつて三池闘争において、体制側は指名解雇対象の一二〇二人に「業務阻害者」という烙印を押した。それと同様に体制側は一酸化炭素ガス中毒患者に「組合原性疾患」の烙印を押し、患者に対する社会的な批判と偏見の助長を煽った。

特別措置法の制定に向けて

労働基準法は、労働者が業務上の負傷または疾病にかかり三年を経過しても負傷や疾病が治らない場合、使用者が平均賃金の一二〇〇日分を支給すれば、以後の補償を打ち切ることができる、と規定している。

一方で三池の一酸化炭素ガス中毒は、労働基準法が制定時に対象とした外科や内科の疾患ではなく想定外の神経および精神系の疾患という、医学上の明確な相違があった。しかも過去に例がない多人数のうえ、長期の療養を必要としていた。

そのため三池労組は、新しい法律の制定を目指すことにした。①定年までの雇用継続（解雇制限）②職場復帰者の復帰前収入の補償（前収補償）③完全治療 ④家族に対する特別看護料支給 ⑤使用者の一酸化炭素ガス中毒発生予防義務、を骨子とする。とりわけ①から③を三原則として重視し、社会党に新法の国会提出を要請した。新法制定は三池の患者のみならず、今後の炭鉱災害はもとよりガス中毒を伴う労働災害全般に対しても有効に作用する。

一九六五（昭和四〇）年一二月二〇日、第五一通常国会が開会された。社会党はCO被災労働者援護措置法を提出し、成立に全力を挙げた。新法が成立しなければ、次の国会までの間に労働基準法の三年打ち切り期限を迎えることになる。三池労組は成立に向け、総評や炭労と院外の取り組みを積極的に進めた。患者家族の会も代表団を上京させた。

第五一通常国会の最終日、六六（昭和四一）年六月二七日に参議院の社会労働委員会は、全会一致で次の決議をした。「政府は今後一年以内に立法措置を講じるよう努力すること。右の立法措置が成立するまで、被災者に対する療養その他の援護措置を現在の状態と変わらないよう措置すること」。この決議の履行について自民党と社会党の国会対策委員長は覚書を交わし、公党間の約束をした。

こうしてひとまず、六六（昭和四一）年一一月八日をもって三年となる打ち切りが回避された。しかし四カ月後に、不意のどんでん返しが起こることになる。

「治癒」認定

参議院社会労働委員会における決議から四カ月後の一九六六（昭和四一）年一〇月二四日、労働基準法による三年打ち切り目前のこの日に三池医療委員会は、「三池災害による一酸化炭素中毒患者の治療対策とその経過ならびに医学的意見について」と題する最終報告書を山手満男労働大臣に提出した。そして三川鉱炭塵爆発の労災認定者八二二人全員に対する検診をこの報告書作成の二カ月前に行なった結果について言及し、八二二人の三区分を次のように書き添えた。

一、長期にわたってなお療養継続の必要が認められる者　二六人
二、労働能力が回復し、職場復帰に支障がないと認められる者　七三八人
三、さしあたり（引用注・一ヵ月ないし二ヵ月）療養を必要とし、さらに観察の結果によって職場復帰しうる可能性のある者　五八人

この第二項で、七三八人が公式に「治癒」と認定された。その内訳は、①大学病院や大牟田労災療養所に入院中の者一五八人　②荒尾職能回復指導所に通所中の者二八五人　③すでに職場復帰した者二九五人、となっていた。

「治癒」に関する行政上の解釈が「疾病にあっては急性症状が消退し、慢性症状が持続しても医療効果を期待し得ない状態になった場合」とされており、入院中や後遺症のリハビリ中でも症状が「固定」していれば「治癒」とみなした。患者を切り捨てることになる。

この五日前、すでに述べたように三井鉱山は三川鉱炭塵爆発の刑事責任に関し、福岡地方検察審査会による不起訴処分相当の結論を得ていた。併せてこのたび、三池医療委員会による患者九割の「治癒」認定という朗報を得た。

打ち切り通告

三池医療委員会の報告を受け、労働省は八二二人に対する労災補償の取り扱いを次のように決めた。

一、長期療養継続者二六人と経過観察者五八人には、これまでと同様の医療および補償を続け

る。

二、労働能力が回復して職場復帰に支障がないと認められる者七三八人には、今後、療養補償給付などは当然のこととして行なわない。CO中毒障害等級専門家会議において決定された「障害等級適用基準」にもとづき、適正な障害補償給付の措置を講じる。

第二項の障害等級は、一級、三級、七級、一二級、一四級の五段階とし、一四級で平均賃金五〇日分の一時金、一二級で一四〇日分の一時金、七級で一一七日分の年金が支給される。この支給をもって治療費と休業補償費が打ち切られ、以後は私傷扱いとなる。

労働省は「治癒」した七三八人の労災補償に関し、一九六六（昭和四一）年一〇月二五日に「一〇月三一日打ち切り」を炭労と三池労組に伝えた。その翌日の一〇月二六日には福岡労働基準監督局が七三八人の各人に対し、打ち切りを告げた。三池労組員二六五人、第二組合員三九二人、職員五一人、組夫三〇人、となっていた。

こうして先の第五一通常国会における参議院社会労働委員会の決議が空文化され、自民党と社会党の国会対策委員長による公党間の約束が無視された。労働省は国会決議に関し、「三池医療委員会が『治癒』と認定した者を入院継続させ、補償を継続させる取り決めにはなっていない」と理由づけた。

一方で、小平久雄労働大臣と三井鉱山との間でも国会決議と自社両党間の覚書に関連し、口頭約束がメモとして残されていた。「新法が成立するまでの間における療養その他の援護措置について、今までと変わらざるよう解雇問題を含んで措置してもらいたい」と労働大臣が要請し、それを受けて会社は「誠心誠意、最善を尽くすよう努力します」と答えた。

しかし会社は一〇月二六日に炭労と三池労組に対し、次の申し入れをした。①治癒認定された者は会社の指揮下に入る　②入院者と通院者に対する見舞金、家族交通費などの特別補償を一一月一日で打ち切る　③治癒認定後の治療は私傷扱い　④これまでの治療中に定年になった者は一〇月三一日付で退職扱いとする。労働大臣の権威が吹き飛んだ。

7　立法への執念

三審制度の導入

七三八人の労災補償打ち切り通告に対し、総評など組合側は直ちに労働省に抗議した。①第五一通常国会の決議に反する　②大牟田労災療養所の一方的な退院勧告に関して組合側が労働省と交わした一九六六（昭和四一）年一月二七日付「入退院に関する覚書」を無視している　③大牟田労災療養所と荒尾職能回復指導所の設置目的を放棄することになる。

しかし労働省は、公式発表後の撤回はできないとの方針を一貫した。三池医療委員会はすでに解散していた。一方で第二組合は、打ち切りを認める覚書を労働省と交わした。

三池労組は、三原則獲得の闘いを立ち上げた。そして一〇月二九日に、組合員二六五人宛ての打ち切り通告書を福岡労働基準監督局に送り返した。支給が断たれる休業補償費と治療費は組合が二六五人に立替え払いをし、患者と家族の生活を守りながら闘っていく。

国会では、社会党が衆参の社会労働委員会や石炭対策特別委員会で労働省をきびしく追及した。自民党の議員からも、労働省への働きかけが行なわれた。

ついに労働省が態度を軟化させ、通告撤回は正式にできないとの前提ながら、一一月二四日に組合側と了解事項を交わすに至った。「今回の労災補償不支給決定の通告に不服がある者は、法にもとづく審査請求をし、請求の取り扱いに三審制度を設ける。一、二審で双方の医師が意見一致した者についてはその結論に従う。療養の継続が必要と認められた者については、一一月一日にさかのぼって労災補償を適用する。第二審でなお意見が一致しない場合は、さらに権威ある医師の判定に従う」。

患者を救済する道が少し開けた。

「組合原性疾患」の根拠喪失

三審制度にもとづいて、三池労組の患者二六五人のうち二六三人がさっそく審査請求をした。組合側医師団による診察の結果、職場復帰可能な者はわずか八人にとどまり、直ちに入院加療が必要な者一六人、現状による治療継続が必要な者二三九人、と判定された。

第二組合員も黙っていなかった。執行部が労働省に対して打ち切りを了承したことに反発し、「治癒」認定者三九二人のうち九一人が審査請求をした。その結果、九一人中五五人が職場復帰不能、との判定になった。

こうして三池医療委員会が「治癒」認定をした七三八人のうち、三池労組員二五五人と第二組合員五五人の計三一〇人が「治癒していない」と診断された。三池医療委員会の意図が明るみになる。

同時に、第二組合員の審査請求者の中から六割もの職場復帰不能者が出たことで、これまで三池労組に対する批判に用いてきた「組合原性疾患」が根拠を失った。もとより後遺症は三池労組員にも第二組合員にも差別なく現われるのだから、「組合原性疾患」という造語の考案は悪意でしかなかった。

大牟田労災療養所の業務放棄

三審制度の成立に伴い、大牟田労災療養所に入院中の八二人のうち審査待ちの六〇人が入院継続になった。この措置に、安河内五郎所長が反発した。その意向を受け、大学から短期の出張扱いで派遣されていた医師六人が一九六七（昭和四二）年一月一九日に辞表を出し、大学に引き揚げた。

安河内所長は患者家族の会代表にこう言った。「炭労と労働省との間の了解事項は知っておるが、患者の入院や退院は医師と患者の間で決めることで、あんな了解事項など意味はない」。医師不在による診療拒否に打って出た。

一月二三日、安河内所長は六〇人に一月二九日付で退院するよう勧告した。そして一月二九日から給食を停止し、追い出しを図った。

もちろん六〇人は三審制による結論を待つ立場にあり、だから退院しなかった。給食センターから弁当を配達してもらい、リハビリは自分たちで工夫しながら続けた。

一月三〇日、六〇人のうちの一人がベッドの上で後遺症による発作を起こし、全身が硬直して意識を失った。同室の患者が医者を呼ぶように頼んだところ、婦長に「呼べない」と拒否された。六〇人に対しては療養所内の医療器具の一切を使用しない、とも明言した。

以来、療養所でありながら急患発生のたびに仲間の患者が救急車を呼び、あるいは往診を頼むという、奇妙な事態が何例も生じた。

再度の立法闘争

大牟田労災療養所が診療拒否と給食停止を始めてほどない一九六七（昭和四二）年二月一五日に、第五五特別国会が召集された。社会党の提出で継続審議中のCO被災労働者援助措置法の、成否が大きな焦点になった。

三池労組は再度の立法闘争を起こすにあたり、五人組会議で意思統一の徹底を図った。差別賃金による組合員の生活苦、労働能力を奪われた患者の生活不安、責任回避の一方で患者の職場復帰を強行しようとする政府と三井鉱山……。それらを関連づけ、たどっていくと、患者を守る闘いは合理化に対する三池労組一人ひとりの問題であり、労働者が人間であることを認めさせるという、本質的な課題に行き着く。従って三池のみならず、炭鉱労働者に限らず、全国の労働者に共通する闘いになる、との意義と方向づけを確認した。「生命を守る反合理化闘争」と名づけた。

四月五日、総評と炭労と三池労組は社会党とともに、国会共闘委員会を立ち上げた。

一方の政府は六月九日の閣議で政府案の国会提出を決め、六月二三日に、「炭鉱災害による一酸化炭素中毒症に関する特別措置法」を先議の参議院に提出した。三池労組が従来から要求し社会党案の基本にもなっている解雇制限、前収補償、完全治療の三原則は、政府案には盛り込まれなかった。国会の会期末まで、残り一カ月を切っていた。

七月五日、患者家族の会の五〇人が上京し、各党の社会労働委員などへの要請行動を開始した。七月九日には、さらに三八人が三池から駆けつけた。北海道への逆オルグ一二人も帰途に加わった。総勢一〇〇人になる。

七月一二日、上京団は労働大臣に面会を求めた。しかし「三池労組」の鉢巻を締め、「三池大変災CO被災患者家族の会」と書いたたすきを掛けていたため、守衛に阻止され庁舎に入ることさえできなかった。翌七月一三日、上京団の一〇〇人は化粧をして身なりを整え、出勤する労働省職員の群れにまぎれて庁内に入った。そして三階の大臣室前に集まり、一斉に鉢巻を締め、スラックスにはき替え、たすきを掛け、座り込んだ。労働省は警察への出動要請による座り込み排除の構えを見せた。しかしマスコミの報道を考慮し、排除を断念した。翌七月一四日、午前中に早川崇労働大臣との会見が設定され、家族の会は、解雇制限、前収補償、完全治療を強く訴えた。国会の会期末まで、残り一週間になっていた。

主婦たちの坑底座り込み

上京団が労働大臣に三原則の法案盛り込みを要請した一九六七（昭和四二）年七月一四日に三池では、患者家族の会が三川鉱の鉱長室前で七月一一日以来の、一二時間交替による新法要求の座り込みを続けていた。

夕刻になり、座り込みの会員たちが鉱長室の建物を出た。外で、交替にやって来た会員たちと合流した。合わせて七五人になった。見張りの守衛と職員は、いつものように交替をするのだろうと思った。しかし交替ではなく、七五人は第一斜坑の坑口に向かって一斉に駆け出した。時計の針は午後七時四〇分を指していた。懐中電灯の明かりを頼りに、三池労組三川支部の谷端一信支部長とともに坑底へと下って行った。闇の底へ向かう恐怖に何度も襲われながら、国会の会期末まで

三川鉱第一斜坑の坑口、中央のレールが炭車の軌道、その右側で斜めに位置する構造物が揚炭ベルト（1980年）

坑底で座り込み中の主婦たち（三池労組提供）

あと一週間というあせりが足を運ばせた。

地下三五〇メートルの坑底は気温三〇度、湿度九〇パーセントで、居続けるには慣れた鉱員でも四八時間が限度とされていた。持ち込んだ毛布一枚の着のみ着のままで、座り込みを始めた。そして三池労組を通じ、「地底よりの訴え」を世間に発表した。「私たちはCO患者とその家族の、療養と生活が保障されるような立法化の確認が得られるまで、地底にすべての願いを込めた座り込みを続行いたします」。

たちまち反響がわき起こった。激励の電報が全国から続々と届いた。その数五八二通。

一方で、会社と第二組合の幹部はうろたえた。福岡鉱山保安監督局から「主婦たちを退去させるように」との勧告を受け、三川鉱の副長が説得のため抗底に向かった。「すぐに上がりなさい。会社はあなたたちの安全について責任を持ちません」。すると主婦たちは、

「私たちの責任は取らんでよかばってん、その代わり、うちの父ちゃんの体をあげんした責任を会社は取れッ」と詰め寄った。副長は返す言葉がなく、無言のまま立ち去った。

会社と第二組合幹部は、警察に排除の協力を要請した。警察は適用できる法律がないからと、消極的だった。そのため第三の手段として会社は、三池労組による坑底への食糧搬入を阻止した。しかし三池労組の組合員が入坑の際に余分の弁当と水筒を工具袋に隠し、坑底に届けた。心ある第二組合員や組夫も、協力を申し出てくれた。

七月一八日、三池労組は坑底の座り込みに呼応して二四時間ストライキを打った。東京では、上京団一〇〇人が午後一時半から労働省のビル入口でハンガー・スト（断食）に入った。ニュースで知った都民の関心が一段と高くなり、労働省前を通る車が除行し激励してくれた。カンパも届けられた。

七月一九日、法案が一部修正のうえ、参議院を通過して衆議院に送られた。

特別措置法の成立

主婦たちの坑底座り込みは四人が五日間の一二〇時間、他の七一人が六日間、一四四時間に及んだ。健康維持の限度をはるかに超えていた。三池労組は体調を案じ、座り込みの自主解除を求めた。主婦たちは法案が衆議院で成立するまで続ける決意を変えなかった。三川支部の谷端一信支部長が説得した。一四四時間の意義を確認し、座り込みを解いた。

その翌日、一九六七（昭和四二）年七月二一日に、国会は最終日を迎えた。そしてかろうじて時間切れを免れ、政府提出の「炭鉱災害における一酸化炭素中毒症に関する特別措置法」が衆議院で成立した。坑底での座り込みと労働省前のハンストの、執念が実った。

しかし法の中身は患者にとって、冷たいものになった。組合側の三原則のうち解雇制限は、「使用者は労働者の労働条件について一切の差別的取扱いをしてはならない」との条文にとどまった。早川崇労働大臣が委員会で、「『労働条件』には解雇条件も含まれるものと考えており、誠意をもって善処するよう会社側に要請したいと考えている」と補強したものの、保証はない。一方で経営側を代表する日経連は、「解雇は経営権の範疇」として解雇制限に強く反対した。

前収補償については賃金に関する記述が条文になく、「作業の転換等の措置」に置き換えられた。早川労働大臣は委員会の答弁で、「健康診断の結果、中程度の障害のため軽易な労務に配置転換を余儀なくされる者については、七級の障害補償が支給されることにしたいと考えている」との見解を表明した。七級には平均賃金の一一七日分に相当する年金が支給されるものの、前収補償にはほど遠い。

完全治療は、「二年間」に限定された。

このように組合側が求めていた三原則は抽象化され、わずかに大臣答弁での補強にとどまった。日経連をはじめとする経営側と政府の、壁は高かった。

三審制度の決着

特別措置法の成立から三カ月後、一九六七（昭和四二）年一〇月二五日に同法が施行になった。

法の適用にあたり労働省は、労災補償打ち切り不服に関する三審制度の決着を急ぐことにした。

三池労組員二六五人と第二組合員九一人、計三五六人に対する第一審は、政府側と組合側の医師が出席して開催された。しかし双方の意見書をめぐるわずか二時間の審議ののち、「意見対立」を結論として判定が第二審へ先送りになった。第二審も「意見対立」の先送りになり、第三審の「権威ある医師の判定」に委ねられた。

その第三審の結論は、一二月一日に発表された。審査請求者三五六人のうち二人が請求を取り下げたため三五四人に対し、わずか五人（三池労組員四人、第二組合員一人）についてのみ療養継続の必要を認め、他の三四九人は却下する、との内容だった。組合側医師の所見をほとんど無視する、公平感のない結果で三審制度が終了した。

8 補償闘争の終結

会社の最終方針

三審制度が決着したのち、三井鉱山は一九六七（昭和四二）年一二月八日に炭労と三池労組に対し、患者と遺族の今後の取り扱いについて次の方針を伝えた。

一、先に労働省が認定した長期療養継続患者二六人（うち三池労組員一一人）は、三年以内は解雇しない。

二、治癒認定された者は会社の指揮下に入り、八週間の復帰訓練を経て職場配置する。

三、症状によって低収入職種の軽作業に配置転換を余儀なくされる者には、五万円ないし一〇万円の配転料を支給する。

四、前記三の軽作業に耐えられない患者は六〇日以内に希望退職を申し出れば、退職金に一〇〇万円の特別加給金を付加する。

五、遺族の援護措置については子女の三分の二が満一八歳に達したとき、または扶養する子女を持たない場合、打ち切る。

第一項の「三年以内は解雇しない」との期間限定は、特別措置法の差別的取扱い禁止と、労働大臣の「労働条件には解雇条件も含まれる」との見解を無視するものとなった。軽作業への転換に伴う前収補償についても、第三項で低額の一時金に置き換えた。さらに希望退職の名目で患者を切り捨てる、と第四項で宣告した。

こうして、坑底座り込みやハンストの苦しみをもって闘い取った特別措置法が会社の高圧的な方針によって軽視され、まったく重みのないものになってしまった。

協定締結

会社が提示した最終方針第二項の職場復帰に関し、組合側医師団はその翌日、三池労組員の「治癒」認定患者二六五人のうち退職者を除く二五八人の、最新診断結果を発表した。元の職場の坑内に復帰可能な者四三人、坑外の軽作業が可能な者一二七人、療養の継続を必要とする者八八人、となった。

その診断結果を踏まえ、三池労組は会社方針に対する次の要求を決めた。①八八人の治療をあくまで続けさせる ②長期療養患者二六人（第二組合員と職員を含む）は会社提案の「三年以内」ではなく「定年」まで解雇させない ③軽作業転換者のための屋内作業職場を造成させる ④会社提案の遺族援護措置制限を撤廃させる。

明けて一九六八（昭和四三）年、一月四日から患者家族の会、遺族会、主婦会は三池労組の四項目要求の実現に向け行動を開始した。まずは上京団が本社へ抗議に行った。平田千佐子さんの詩「怒り」が、大牟田労災療養所に入院中の患者の実態と妻の憤りをこう語る。

「母ちゃんどこにゆくとね?」

あんたがてれーッと
馬鹿んごとしとるけん
会社が首ば切るていいよる
それで三井鉱山に
抗議にゆくとたい

「この前もいって、またゆくとね。あんたばかり何べんも、なし東京にゆくとね?」

CO患者にされる前
花を栽培して
家のまわりを美しい
花壇にしていた
夫

それが三川鉱大爆発のため
性格を奪われてしまった
今
美しかったあの日の花壇に
草ぼうぼう
それをふり向きもしない
夫

楽しかった昔の夢は
今恐怖の現実と変わり

毎週土曜日のわが家に
労災病院から帰ってくる夫と共に木枯らしが吹きすさぶ

「母ちゃん、もう病院に帰らんなんとね?」

帰って十分もたたないのに
なんと頼りない――夫
「今さき帰ったばかりじゃろがね。二日家に泊まってから、病院に帰るとたい」
すると五~六分して
また同じことを聞く
夫
こんなCO患者に三井鉱山はいっている
「お前の中毒症は治ったけん、職場に帰れ」
もしもお前たちの息子や兄弟に
CO患者がいるとしたら
三井鉱山の幹部たちよ
お前たちはいえるか

「お前たちはＣＯ患者ではない働け」

と

上京団による本社への抗議に加え、三池ではハンガー・ストライキを決行した。

一月一二日、三池労組が二四時間ストを打つ中、炭労と会社との団体交渉が始まった。そして翌一月一三日の早朝に、「ＣＯ患者および遺族の取り扱いに関する協定」（ＣＯ協定）が仮調印された。

三池労組の要求四項目のうち、八八人の治療継続については労働省の労働基準局長が「六カ月ないし一年間の特別リハビリ制度を設け、治療と投薬を政府の責任で行ない、期間中は各人に一日四八〇円の訓練手当を支給する」との方針を示し、従ってその方針を前提とする協定文にした。先の三審制度の結論を突き崩すことになる。

二つ目の要求の長期療養者二六人の解雇については「当分の間、解雇を延期する」とし、協定書付属の議事確認書において「『当分の間』は文字通りとするが、三年以内ではない。解雇のときはその時点で労働組合と協議する」との一文を残した。「協議」は団体交渉の対象になる。

三つ目の職場造成は別途協議となり、四つ目の遺族援護措置に関しては会社が一五〇〇万円で基金を設立し、労使で運用することになった。

三池労組は機関討議を経て、炭労が仮調印したＣＯ協定の受け入れを決めた。この二年間に患者の休業補償費と治療費の立替えで一億四〇〇〇万円をまかない、闘いを継続すると一カ月当たりおよそ五〇〇万円の加算になる、との財政的な事情もあった。立替え払いの財源は総評組合員のカンパに頼ってきた。

六八（昭和四三）年一月二五日、炭労と三池労組は会社との間でCO協定を正式に結んだ。それに伴い、患者の三区分が確定した。①一一人の重症者が大学病院で長期療養を継続 ②八八人が六カ月ないし一年間のリハビリ受診 ③一五九人が職場復帰のため会社の指揮下に入る。

患者の職場復帰

前記のCO協定にもとづいて、大牟田労災療養所の入院患者全員が退院になった。荒尾職能回復指導所の患者も、八八人の特別リハビリ制度適用者を除く全員が退所した。そして一九六八（昭和四三）年一月二二日から、会社の管理のもとで職場復帰訓練が始まった。

八週間の訓練を終え、三池労組員の患者は坑内に二七人、坑外の軽作業に一一七人が復帰した。坑外で与えられた仕事は、草むしりや金属部品の錆落としだった。軽作業ゆえに給料が被災前の半分程度しかなく、休業補償中の平均賃金八割受給からも大幅な減収になった。しかも休んだり通院すると、さらに手取りの額が減る。そのため患者は憤りを胸に秘め、後遺症に苦しみながら無理をして出勤し、通院も我慢した。家族の生活を守らなければならない。

このような状況のもとで、三池労組はなおも解雇制限、前収補償、完全治療の三原則と遺族の生活補償確立に向け、進むことにした。

七級認定

三池労組の三原則のうち前収補償に関し、患者の職場復帰から二年後の一九七〇（昭和四五）年八月に労働省は、障害補償七級適用による「政治的解決」を総評と炭労に提案した。七級適用は、特別措置法の審議の過程で早川崇労働大臣が言及したことを根拠とする。

労働省は当初、大臣の国会答弁に反して「七級認定者は四人ないし五人」と厳しい枠をはめ、認定作業を進めてきた。しかし社会党や労働組合側の要求に抗しきれなくなり、「政治的解決」を提案するに至った。「政治的解決」は「解決後に争いを残さない」ことを意味した。総評と炭労は職場復帰患者の生活困窮を踏まえ、七級認定枠の拡大を前提に、「政治的解決」を受け入れた。

七級認定交渉は年を越し、三池労組は大詰め段階で大衆行動を展開した。まずは七一（昭和四六）年五月一六日から、主婦会や患者家族の会の上京団が要請行動を始めた。五月二四日と二五日には三池労組が四八時間ストライキを打ち、六月二〇日に三川鉱の正門前で座り込みを始めた。七月二日、三池労組と主婦会の五〇人がハンガー・ストに入った。

その七月二日に労働省は、障害等級の認定結果を発表した。七級は大幅増の一九六人（三池労組員七三人、第二組合員一〇二人、職員一八人、組夫三人）になった。九級を新設して一七八人（三池労組員五九人、第二組合員九一人、職員九人、組夫一九人）を認定し、さらに一二級二四四人、一四級一一七人、とした。第二組合員と職員と組夫の七級および九級認定者は、三池労組の闘いの恩恵を受けた。

七級認定交渉と並行して、炭労と三池労組は三年前に締結のCO協定に関する改定交渉を会社と進め、七月五日に合意を得た。①解雇制限について、今後三年間は解雇しない、解雇の際は組合と協議する ②完全治療に関し、労働省が実施するアフターケアを就業時間中に受診する場合、便宜を与える ③造成職場二カ所を三カ月以内に開所する ④遺族対策のための援護基金を増額する ⑤重症度入院患者への入院見舞金を引き上げる。

三年前の協定よりも充実した。三池労組と主婦会は、七月二日からのハンストを解いた。

造成職場の患者たち

先に締結の改定CO協定にもとづいて、一九七一（昭和四六）年一〇月三日に三池労組員を対象とする二つの造成職場が開設された。新港作業所と万田作業所で、新港作業所は機械部品の錆落としや塗装、電気部品の手入れを主な職務とし、万田作業所では海苔の御簾《みす》編み（竹細工）、菜園や花壇づくり、などを仕事とした。開設当初は新港作業所に六一人、万田作業所に五〇人が配属された。のちに池畑重富さんと井上文雄さんの、職場になる。

池畑さんは三年前の六八（昭和四三）年三月一八日に、坑内へ復帰した。しかしその後に病状が悪化し、仕事中にうずくまったり倒れたりするようになった。入院、坑内再復帰、再入院、坑外への配置転換、二度の入院を経て、七四（昭和四九）年六月に造成職場の新港作業所に来た。坑内から坑外、さらに造成職場へと変わるたびに基準賃金が下がっていった。

しかも造成職場で六年が経つうちにまた病気が再発し、八〇（昭和五五）年の一月から四月まで入院した。入院中は家族の生活のことばかり考え、安らげなかった。被災の四年後に結婚し、

新港社宅（大牟田市新港町　1980年）

三人の子供がいる。夫婦で働いてやっと最低生活が維持できる状況なので、池畑さんの入院は家計を直撃した。やむなく治療を中断して無理やり退院し、造成職場の勤務に戻った。新港社宅の自室で、さびしげにこう言った。

「もう行き着く所がなかとこまで来たとばってんですね……」

まだ四一歳なのに、将来に希望を抱くことができなかった。襖の陰のお盆の上に、薬の袋がいくつも重ねて置かれていた。

井上文雄さんも池畑さんと同じ日に、坑内へ復帰した。しかし仕事が満足にできず、新港作業所に来た。物忘れがひどく、自分で置いたはずの部品がその場所になくて探し回ってばかりいる。

池畑さんと井上さんは労災補償の九級に認定され、わずかな一時金ですべての補償が打ち切られた。井上さんは結婚当初、生活が貧しくてわが子のミルク代が工面できず、途方に暮れたことがある。男の子三人の父親になった。

三川鉱炭塵爆発の発生から一七年で、三池労組員の患者二一人が死亡した。第二組合は情報の一切を伏せるため死亡者数が不明ながら、三池労組員の二一人を上回ると推定して間違いない。合わせるとおよそ五〇人になる。後遺症に苦しみながらも生活のため無理をして働くという、悪循環の果てに死に至る。一酸化炭素ガスの影響で肺癌、肝臓癌、肝硬変などに侵された。仲間の死を目の当りにするたびに造成職場で働く患者たちは、明日のわが身に不安をつのらせた。病気と生活の苦しさで自殺した人もいる。造成職場のない第二組合の患者は後遺症が悪化すると、退職を余儀なくされた。

新港作業所からの帰り道、井上さんはバイクを押しながらこう言った。

「大牟田には観光名所がなかとです。街は汚いし、空気も汚い。だけど、我々の名所はあるとですよ。囚徒墓です。友達が来ると、連れて行くとです」

目を細め、初めて笑顔を見せた。三本線の帽子をかぶっていた。

囚人使役を始まりとして、一酸化炭素ガス中毒患者に至る労働者の使い捨て——それが三井鉱山の、一貫した労務政策だった。

5 閉山へ

1　さらなる合理化

第三次石炭政策と三井鉱山の第四次合理化

一九六八（昭和四三）年一月二二日に、患者たちが職場復帰訓練に入ったことはすでに述べた。その翌日、一月二三日に偶然にも三池炭鉱では、日産二万五八〇〇トンという過去最高の生産を記録した。「驚異的な大出炭記録」と会社は喜び、一月二九日付の社内報『くろだいや新聞』で「CO闘争は解決した。事故などによる出炭低下分を取り戻し、何が何でも三池炭鉱を盛り立てるため、心機一転一万人従業員が一丸となって増産にがんばろう」と呼び掛けた。三池労組の闘争は継続中で、まだ「解決」していなかった。

増産をあおるため、宮浦鉱では坑内に軍歌が響き渡った。「パチンコ屋のごたる」「これじゃあ事故が起こるばい」と、鉱員たちは眉をしかめた。雑音は集中力を鈍らせ、危険の予知を困難にする。炭鉱では「山の神」の怒りを恐れ、口笛を吹くことさえ鉱員同士で戒め合ってきた。

異常な出炭督励は、政府の第三次石炭政策を背景とした。生産目標を従来の五五〇〇万トンから五〇〇〇万トンに縮小し、石炭各社の累積債務一〇〇〇億円を政府資金で肩代わりする。前年の四月に実施された。三井鉱山も二七〇億円の肩代わりを受けた。

その見返りとして会社は第四次合理化案を策定し、六八（昭和四三）年一月三一日に労働組合に提示した。①宮浦鉱の繰込場を三川鉱に移転し坑口を統合　②宮浦、三川、四山の坑外職場部門を分離し第二会社に移管　③公休日の出炭による非常増産　④三池鉱業所病院の分離独立　⑤本所輸送課所有地の多角経営と関係組織の縮小、を内容とする。

宮浦鉱の坑口閉鎖と三川鉱への統合は、採炭現場までの往復時間の短縮を狙いとした。しかし統合は坑内の過密化を招き、災害発生の危険性を高くする。さらに合理化案第二項による坑外職場の第二会社移管は、将来の三池炭鉱全体の第二会社化を想起させた。

三池労組は第四次合理化案に反対する方針を決め、併せて会社に長期経営計画を求めた。そして第二組合員三〇〇人にアンケート用紙を手渡し、意見を聞いた。およそ半数が回答した結果、第四次合理化反対の三池労組に八三パーセントが協力すると答えた。第二組合も三池労組と闘うべきだと九一パーセントが思い、三池労組のビラや構内の掲示を読まない者はおらず、三池労組の話を聞きたいと思う者が全員に及んだ。この時点で三池労組員は二一〇〇人、第二組合員は六九〇〇人、となっていた。

九月三〇日、会社は第四次合理化案の最終回答をした。三池労組の要求には言及せず、配置転換に伴う一時金の追加支給などにとどめた。第二組合は回答を即座に受け入れた。

三池労組は先の第三次再建協定を不調印で通したように、この第四次合理化に対しても協定不調印で反対の立場を貫くことにした。

第四次石炭政策

三井鉱山の第四次合理化と並行して、政府の石炭政策が一九六九（昭和四四）年四月に第四次へ移行した。

この間の第三次までに炭鉱の数が三〇六鉱から一四二鉱に減り、炭鉱労働者総数も一二万人から八万人に減った。そのため三次にわたる石炭政策で掲げてきた生産目標量を、一度も達成することができなかった。炭労は、石炭企業に政府資金をつぎ込むだけで実効のない石炭政策に代え、石炭産業の国有化を要求した。

しかし政府は国有化の要求を無視し、石炭政策を第四次へと移行させた。①五年間に四二〇〇億円の石炭対策費を予定　②従来の一般閉山交付金を大幅に増額　③「企業ぐるみ閉山」のための特別閉山交付金制度を新設　④石炭企業の債務肩代わり八五〇億円を予定、などを骨子とした。これまで設定してきた年間生産量は実績を伴わないため、この第四次では明示しなかった。石炭産業の先行きがますます狭まっていく。

三池労組への弾圧

第四次石炭政策のもとで自社の第四次合理化策による経営効率の最大限発揮を目指す三井鉱山は、協定に不調印の三池労組に対し、先の第三次再建策で不調印の報復として幹部一〇人の解雇を通告したように、第四次合理化でも報復を画策した。そして一九六九（昭和四四）年四月二八日に宮浦鉱の繰込場で、もめごとが起きるように仕向けた。

繰込場では各人が名札を裏返すことで出勤を確認し、氏名の読み上げをしないのが慣習になっていた。ところがこの日、係員が慣習に反して名前を呼び、返事を求めた。八人が返事をしなかった。すると係員は八人を「業務阻害」とみなし、入坑させないと言い渡した。抗議する三池労組員との間で押し問答が起きた。そこへおよそ二〇人の職制が駆けつけ、もみ合いになった。

このもみ合いを理由として五月一三日に会社は、八人のうち二人を懲戒解雇、一人を出勤停止一五日、二人を出勤停止一〇日、三人を出勤停止三日の処分にする、と告げた。そのうえ懲戒解雇対象の二人を「暴力行為」で大牟田警察署に刑事告訴した。二人は六月九日に逮捕された。

それを知った宮浦鉱の三池労組員が激怒し、鉱長室で座り込みを始めた。会社は座り込み排除のため、警察に応援を求めた。福岡県警察本部の機動隊およそ一〇〇〇人が出動し、座り込みの組合員を実力で排除のうえ、会社の職制が読み上げる名前にもとづいて二一人を逮捕した。

七月二八日、会社は前記八人の処分に踏み切った。さらに翌日には新たに三九人に対しても、機動隊の導入時に抗議のため鉱長室へ押し掛けたことを理由として、解雇八人、出勤停止一五日九人、一〇日六人、二日九人の処分を追加通告した。

弾圧はでっち上げで始まり、強権を貫く、との見本になった。

2　裁判闘争の開始

九・二八災害上村訴訟

三川鉱炭塵爆発から四年後の一九六七（昭和四二）年九月二八日に、三川鉱の三五〇メートル坑道で坑内火災が発生し、死者七人、一酸化炭素ガス中毒患者四二五人の犠牲を出した。自然発火が原因で、以前から火災が起きやすい危険個所と目されていた。しかし会社は予防措置を取らず、放置してきた。死亡した七人は三池労組員一人、第二組合員五人、職員一人で、三池労組員の上村孝知さんは三〇歳の機械工だった。妻と八歳の長女と母を残し、無念の死となった。

その翌年、六八（昭和四三）年一月三一日に上村さんの妻・京子さんら遺族三人は、総評、炭労、三池労組、総評弁護団の支援を受け、三井鉱山に対する一〇九五万八〇〇〇円の損害賠償請求訴訟を福岡地方裁判所に起こした。「九・二八災害上村訴訟」と呼ぶ。

総評と炭労と三池労組は次のように声明した。「われわれは労働災害の絶滅を期するとともに、労働災害の遺族の生活補償の確立をめざす闘いの突破口として遺族の提起したこの訴訟を重視し、全力をあげて支援する」。

一方で、この災害の一酸化炭素ガス中毒患者のうち三池労組員の藤田幸次郎さんら七九人も、被災四年後の七一（昭和四六）年三月二二日に総額七億二六〇〇万円の損害賠償請求訴訟を福岡地裁に起こした。「九・一八災害集団訴訟」と呼ぶ。

八月一日、三池労組では宮川睦男組合長の定年退職に伴い、古賀春吉組合長による新体制が発足した。組合員総数は一三〇〇人、第二組合員は五三〇〇人を擁していた。

一一・九災害松尾訴訟

戦後最大の炭鉱災害となった三川鉱炭塵爆発に関しても、被災患者と家族が一九七二（昭和四七）年一一月一六日に損害賠償請求訴訟を立ち上げた。原告は三池労組員の松尾修さんと妻の薫虹さん、村上正光さんと妻のトシさんの二家族四人で、患者一人三〇〇〇万円、家族一人二〇〇〇万円の総額一億円を請求した。会社の責任を問うため会社と直接対決したい、との思いを強く抱いていた。熊本地方裁判所で審理中の水俣病裁判に触発され、決断した。「一一・九災害松尾訴訟」と呼ぶ。先の上村訴訟から四年後の、提訴となった。

提訴を決断する前に、松尾薫虹さんは三池労組本部に「組合として民事裁判を起こせないか?」と相談したことがある。組合は、「会社から損害賠償金を取る裁判は物取り主義で、全労働者の闘いにならない」と否定した。

もとより三池労組は会社相手の遺族対策と患者対策に全力を注ぎ、併せて炭労と総評の支援のもとで政府に対する立法闘争を闘ってきた。全労働者を視野に入れた闘いには大きな意義がある。

とはいえ民事裁判に対する「物取り主義」の批判は、上村訴訟への全面支援と矛盾する。

一一・九災害三池労組支援訴訟

松尾訴訟の提訴から七日後、一九七二（昭和四七）年一一月二三日に三池労組は中央委員会を開催し、松尾訴訟とは別に三池労組の組織的取り組みとして、三川鉱炭塵爆発の遺族と患者による集団での損害賠償請求裁判を起こすことに決めた。集団訴訟をこれまでの立法闘争や対会社交渉の延長線上に位置づけ、「物取り」ではなく「生命を守る反合理化闘争」の一環と意義づける。その意義は九・二八災害上村訴訟において先に引用の通り、組合側の支援声明が明らかにしていた。それにしても、松尾訴訟の提訴からわずか七日後の集団訴訟決定はあわただしい。

三池労組は松尾さんたちに対し、組合の集団訴訟への合流を打診した。しかし三池労組の裁判方針が原告に家族を含めないこと、賠償金の請求額を患者の障害等級に応じた三段階に設定し松尾訴訟のように一律ではないこと、などをもって折り合いがつかず、合流協議は物別れに終わった。

三池労組の提訴準備が手間取る中、七三（昭和四八）年四月一七日に三池労組員の大坪金章さんと妻のミヤ子さん、藤末又義さんと妻のツギエさんが松尾訴訟に加わった。

その三日後、四月二〇日に三池労組は中央委員会を開催し、松尾訴訟に対する態度を決定した。①単独裁判には正当な理由が認められない　②単独裁判は組織決定に違反する行為であり、黙認できない　③三池労組の裁判闘争と別行動をする患者には今後、組合として補償問題を取り扱わない。

組織は温かさと冷たさを併せ持ち、冷たさは、組織防衛のための統制によって前面に出る。民事裁判を「物取り主義」と批判したことが、最初のボタンの掛け違いになった。

三池労組の方針を受けて患者家族の会は、松尾訴訟の原告の妻四人に除名を告げた。

このような経緯ののち、七三（昭和四八）年五月一一日に原告四二二人が三池労組と総評弁護団の支援のもとに、会社を相手とする総額八七億一七〇〇万円の損害賠償請求訴訟を福岡地方裁判所に起こした。「一一・九災害三池労組支援訴訟」と呼ぶ。請求金額の内訳を、①遺族一六三人ならびに患者のうち長期傷病補償給付者一一人が各三〇〇〇万円 ②患者のうち経過観察から長期傷病補償給付に切り替わった二六人に各二〇〇〇万円 ③その他の患者二二二人に各一〇〇〇万円、とした。

原告団（小川鉱志団長）は原告四二二人の筆頭に、長期傷病補償給付者の宮嶋重信さんを据えた。

宮嶋重信さんの生と死

三川鉱炭塵爆発の日、宮嶋重信さんは二三歳の払採炭工で、二番方として午後二時二二分に第二斜坑から人車で坑内に入った。現場は井上文雄さんと同じ「三六昇」で、常一番の井上さんが昇坑しようとし、宮嶋さんが仕事に取り掛かったときに被災した。

宮嶋さんが救出されたのは翌日の午後三時過ぎで、爆発から丸一日が経過していた。意識が戻らず、呼吸を確保するため会社の病院で喉が切り開かれ、金属の器具が装着された。息をするたびに「ヒュー、ヒュー」と鳴った。食事は流動食で、鼻から差し込むゴム管で胃に送られた。一日に何回も息を詰まらせ、体をよじって苦しんだ。

意識のないまま四〇日後に、熊本大学医学部の付属病院に送られた。その二〇日後から全身に強い痙攣が現われ始め、手足が硬直して変形するようになった。六三歳の父・富太郎さんと五五歳の母・イシさんが付ききりで看病した。肛門から便を指でかき出し、息が詰まって苦しむたびにチューブを差し込んでは肺にたまった痰を吸い取ってやる。

九年が経ち、熊本大学医学部付属病院第一内科の鹿井禎二医師は診断書にこう書いた。「広範な中枢神経系の障害を呈し、意志による行動は不可能であり、植物人間に近い状態であることを認める」。

骨と皮だけに痩せ細った身体の手と足は金属のように硬直し、体中の毛が抜け、血膿がベッドのシーツを染めた。鉱山学校の三年間を首席で通し、人望が厚く、被災当時は若くして三池労組の職場分会長を務めていた青年の面影はすっかり消え、闘病の苦しみのため老けていた。それでいて、大きく見開いた目を休むことなく動かした。三井鉱山の幹部を探しているかのようだった。会社幹部は誰一人、一度も見舞いに来なかった。父親の富太郎さんはこう言った。「私たち両親として思うことはただ一つ、この無残な息子の体を、いっぺんでよかですけん、三井鉱山の栗木元社長の目の前につきつけてやれたら、ということそれだけです」。

その栗木幹元社長は一一・九災害三池労組支援訴訟の提訴二年前、秋の叙勲で勲二等旭日菫光章を受けた。

そして宮嶋重信さんは、提訴から八カ月後の七四（昭和四九）年一月六日に永眠した。この先、裁判は一一年も続くことになる。

3　石炭産業の衰退

第五次石炭政策と三井石炭鉱業の発足

宮嶋重信さんを原告の筆頭とする一一・九災害三池労組支援訴訟の提訴の年、一九七三（昭和四八）年四月に政府の石炭政策が第五次へ移行した。

第五次に至る過程で「企業ぐるみ閉山」方針の第四次では、保安軽視の風潮がますます強まり、労働災害の多発を招いた。死者一〇人以上の災害が六八（昭和四三）年から七二（昭和四七）年にかけて全国で、三件六〇人、三件五一人、一件一九人、一件三〇人、一件三一人、と起きた。一度に三〇人もの死亡者を出す災害は、むごい。

この間に三池では、熱中症が問題になった。採炭現場が深部へと進むにつれ、坑内の気温が三三度ないし三四度、湿度が九〇パーセントになり、熱中症で倒れる鉱員があいついだ。会社は労働者個人の不摂生や体質が原因だと主張し、責任逃れに終始した。その意図と対照的に熊本労働基準監督局は、坑内における熱中症を職業病と認めた。しかし予防策のないまま、過酷な環境での労働が続いた。

このような災害多発や労働環境の悪化に目を向けることなく、第五次石炭政策が実施となった。

生産目標量を第三次における五〇〇〇万トンの四割に縮小し、「年二〇〇〇〇万トンを下らない規模」とする。一方で鉄鋼や電力などの需要先に対する「国内炭の引き取り要請量」を、一六五四万トンと見込んだ。つまり生産目標の年二〇〇〇万トンは、需要の実態とかけ離れた単なる数値でしかない。石炭産業の衰退がより顕著になった。

第五次石炭政策のもとで三井鉱山は、七三（昭和四八）年一〇月一日付で石炭部門を企業分離し、三井石炭鉱業を発足させた。親会社の三井鉱山は、海外炭の開発に事業を集中することにした。海外炭の開発によって、資本力の乏しい国内石炭会社がますます苦境へ追いやられていく。

三井石炭鉱業への移行に伴い、従業員の労働条件が切り下げられた。しかも他社は新会社の設立にあたり鉱害賠償債務を親会社が負担することにしたのに対し、三井鉱山のみが新会社の負担とした。その負担が三井石炭鉱業の先行きに、重荷となってのしかかる。

日本経済の暗転

三井石炭鉱業の発足五日後、一九七三（昭和四八）年一〇月六日に第四次中東戦争が勃発した。アラブ側一〇カ国軍がイスラエル軍と戦火を交え、一方でアラブ側は「石油戦略」を発動し、国際外交に揺さぶりを掛けた。「石油戦略」はペルシャ湾岸六カ国による原油公示価格の二一パーセント引き上げと、アラブ石油輸出国機構（OAPEC）によるアメリカや日本などのイスラエル支持国向け原油供給量の毎月五パーセントずつ削減、から成る。

この「石油戦略」は、国際石油資本各社を介して一〇月二三日から実施となった。サウジアラビアも同調した。エネルギー消費量の七三パーセントを石油が占め、そのほぼ全量を輸入に頼っていた日本経済にとって、痛撃となる。

日本政府は急遽、外交政策をアラブ寄りに転換し、特使を派遣した。その結果、原油供給量確保の保証を得ることができた。しかし原油価格の値上げは二一パーセントにとどまらず、三カ月間で四倍に引き上げられ、元に戻らなかった。「第一次石油ショック」と呼ぶ。

このとき日本経済は、田中角栄首相が持論とする「日本列島改造論」のもとで、地価が上昇過程にあった。そこへ第一次石油ショックの原油価格四倍値上げが重なった。そのためインフレに拍車が掛かり、政府自ら「狂乱物価」と形容する異常事態を招いた。

あげくにインフレ対策のための総需要抑制効果で七四（昭和四九）年の実質経済成長率が戦後初のマイナスになり、高度経済成長の時代が幕を閉じた。

第六次石炭政策

第一次石油ショックの発生は、これまでの石炭政策に対する批判を誘発し、石炭再見直しの議論を活発にさせた。その声に押され、政府は石炭業界に増産を要請した。しかしすでに石炭業界では、閉山交付金を目当ての閉山があいついでいた。そのため炭鉱数が一九七四（昭和四九）年の三月末時点でわずか三七鉱になり、労働者総数も二万七〇〇〇人にまで激減した。

炭鉱数が減ったにもかかわらず、悲惨な災害は後を絶たなかった。七四（昭和四九）年一二月一九日に三井石炭鉱業の砂川炭鉱でガス爆発（死者一五人）、翌七五（昭和五〇）年一一月二七日

有明鉱の正面ゲート（三池郡高田町　1980年）

に北海道炭礦汽船の幌内炭鉱でガス爆発（死者二四人）、などが起きた。

翌七六（昭和五一）年四月、石炭政策が第六次へ移行した。年生産量を「二〇〇〇万トン以上の規模維持」としつつ、一方で海外炭の開発と輸入拡大を認めた。

三井石炭鉱業は、有明炭鉱の吸収合併と宮浦鉱の三川鉱への統合を実施した。有明炭鉱は日鉄鉱業が開発を進めてきた原料炭埋蔵の炭鉱で、三井石炭鉱業が経営権を取得し、七七（昭和五二）年一〇月一日に生産を始めた。所要鉱員は第二組合員と組夫でまかない、三池労組員を排除した。三池労組八〇〇人、第二組合四五〇〇人となっていた。

この第六次石炭政策も従来同様に、災害を誘発した。とりわけ八一（昭和五六）年一〇月一六日に北炭夕張炭鉱（北海道炭礦汽船の第二会社）の夕張新鉱で起きたガス突出は、死者九三人を出して戦後三番目の大災害になった。しかもガス突出後に火災を誘発した。そのため会社が坑内に五九人の被災者を残したまま注水するという、悲惨な事態を招いた。あげくに北炭夕張炭鉱は負債七二一億円を抱えて倒産し、八二（昭和五七）年一〇月九日に全員解雇で閉山した。

4 裁判の和解

上村訴訟の全面勝利と二審和解

提訴から七年、第六次石炭政策実施の前年にあたる一九七五（昭和五〇）年三月一日に、九・二八災害上村訴訟の判決が下された。福岡地方裁判所の井野三郎裁判長は坑内火災の原因を、「自然発火によるものと推定される」と結論づけた。従って「鉱山の保安に瑕疵《かし》があった」会社に対し、原告の請求額一〇九五万八〇〇〇円全額を支払うよう命じた。「推定」による被災者の救済は、労働裁判において画期的とされた。

会社は判決を不服とし、即日控訴した。それから四年が過ぎ、七九（昭和五四）年一一月一六日に福岡高等裁判所で上村訴訟が結審になった。そして裁判長は、原告と被告の双方に和解を勧告した。

総評弁護団と総評ならびに炭労は全面勝利の一審判決を残すため、和解に応じる意向を固めた。

争いを続けた場合、体制的圧力で原告側が不利になる、との判断が働いた。三池労組（合志幸男組合長）も中央委員会で、和解に応じる方針を決めた。

翌八〇（昭和五五）年四月二二日、福岡高裁で和解が成立した。和解金は遺族一五〇〇万円と弁護料四〇〇〇万円の一九〇〇万円で、一審判決を上回った。

一一・九災害三池労組支援訴訟の和解勧告

遺族会会長で一一・九災害三池労組支援訴訟原告団副団長の溝口生松さんは、話の途中で急に立ち上がり机に両手をつき、その手をぶるぶる震わせながら「ほんとうに申し訳ございませんでした」と言って深々と頭を下げた。三川鉱炭塵爆発を起こした三井鉱山の、幹部が遺族に対して謝ったときの様子の再現だった。手の震えは、二人の息子を一度に殺された溝口さん自身の怒りの表現にも見えた。生計の担い手の息子を奪われた溝口さんは、最低限の生活を維持するため、力仕事をいとわず七五歳まで働いてきた。

溝口さんの実演を受けて、原告団事務局長の沖克太郎さんはこう言った。

「三井鉱山てやつは、震うて見せたり、涙を流して見せたりですね、こげんことはいつでもするわけです。土下座したり、そげなことはどげんなっとするとです。しかし『会社に責任があった』とは、絶対に言わんとですよ」

遺族と患者ならびに家族の長く苦しい闘いは、その「責任」を原点にしてきた。

責任をめぐる最大の争点は、「炭塵爆発説」か「風化砂岩説」かにあった。炭塵爆発の鑑定書を作成した荒木忍教授は一一・九災害三池労組支援訴訟の原告側証人として法廷に立ち、爆発直後の調査による坑内の炭塵堆積量を詳細に証言した。

一一年七カ月にわたる審理ののち、一九八五（昭和六〇）年一月二二日に原告と被告は福岡地方裁判所の谷水央裁判長から、和解の意思を打診された。

それを受けて弁護団と三池労組執行部（中原一組合長）は、和解交渉の受け入れを決めた。裁判を続けるとこの先、高等裁判所から最高裁判所へとさらに長期に及ぶこと、遺族が高齢化していること、請求権の時効をめぐり原告不利の可能性があること、などを考慮した。

とはいえ、和解すれば会社の災害責任が不問になる。先の上村訴訟は二審で和解したものの、すでに一審で会社の責任が明らかにされていた。

原告団は四月二二日に、臨時総会を開いた。そして三池労組の機関決定を待つ必要があるとしつつも、この時点における総会出席者の意思確認を行なった。無記名投票の結果、和解賛成一八〇人、反対四六人、と分かれた。

三池労組執行部は原告団の大半が和解容認であることから、和解方針を職場討議に付し、五月三〇日に機関決定をした。

原告団の分裂

これまで三池労組は会社の第三次再建策に対しても第四次合理化に対しても自らの主張の正しさを貫くため、協定不調印で闘いを継続してきた。この一一・九災害三池労組支援訴訟で和解すれば、会社の合理化によってもたらされた犠牲と妥協することになる。

三池労組が和解方針を機関決定した一方で、原告の一部は「会社が責任を認めて謝罪すれば和解に応じる。しかし責任を問わない和解には反対し、裁判を継続する」との意思を変えなかった。

和解拒否の原告に対し、三池労組は一九八五（昭和六〇）年六月一九日に対処の方針を決めた。①患者としての取り扱いに関し今後、組合は対応しない　②弁護を引き受けないよう弁護団に要請する　③裁判費用などの経費を負担しない　④派生する諸問題に関し一切関与しない。

この決定を受けて和解派原告団（小川紘志団長）は、七月七日に臨時総会を開いた。そして「和解による勝利を目指す」との確認をしたうえで、和解拒否の原告一〇人を除名した。一〇人の中に、池端重富さんや沖克太郎さんが含まれていた。さらにその後、一〇人を追加除名した。井上文雄さんや宮嶋重信さん（故人）が除名になった。宮嶋さんはこれまで、悲惨な患者の象徴とされてきた。

患者家族の会も、該当する会員に除名を告げた。

八月二〇日、和解拒否の原告が第一回集会を開き、沖克太郎さんを団長とする新原告団を結成した。団員は三〇人を数えた。宮嶋重信さんの母・イシさんは、「責任追及のない負けの和解などできません。そうじゃないと、重信に申し訳ないと思います」として、和解拒否派に加わった。三〇人が、のちに三二人になった。

三池労組支援訴訟の和解成立

原告団の分裂から一〇カ月後、一九八七（昭和六二）年六月二三日に福岡地方裁判所の谷水央裁判長は一一・九災害三池労組支援訴訟に関し、職権による和解最終案を原告と被告の双方に提示した。①遺族ならびに障害等級一級の患者に四〇〇万円、二級三三〇万円、三級三〇〇万円、五級二二〇万円、七級一七〇万円、九級一一〇万円、一二級と一四級六五万円 ②和解金は三井石炭鉱業が支払い、三井鉱山が連帯保証する ③前記①の和解金は最長五年の分割払い ④会社は三池労組に対し裁判経費として一億五〇〇〇万円を今年度中に支払う ⑤会社は炭労ならびに三池労組と締結のCO協定を今後も継続し、従来通り三年毎に労使で改定協議する。ただし協定書中の遺族の盆と暮の給付金（各二万三五〇〇円）は今年度以降廃止する。

原告団の中から驚きの声が上がった。「金額が余りにも低い」「五年分割では実感がわかない」。不満が渦巻いた。第六次石炭政策における三井石炭鉱業の、経営不振が金額に反映された。「五年分割」の助け船までついた。

七月二二日、原告団は臨時総会を開催した。そして金額を不満としながらも、会社が判決で破棄に持ち込もうとしたCO協定が継続になったことなどを評価し、総合的な判断で職権和解案の受諾を決めた。

会社も職権和解に応じることにした。加えて、裁判を起こさなかった第二組合員や職員の遺族ならびに患者に対しても、前記の基準による和解金の支払いを決めた。支払わなければ第二組合の幹部が組合員に突き上げられる。第二組合は、濡れ手で粟を掴んだ。

七月二五日、原告団と被告の双方が和解案の受け入れを表明し、およそ一四年に及ぶ裁判に終止符を打った。和解なので、三川鉱炭塵爆発の原因も責任も結論づけられなかった。

溝口生松さんの胸中に、無念の思いが残った。「会社に対する怒りは消えません。二人の息子の恨みを晴らすために余生を尽くしたいと思っていますが、もう八五歳になって近頃は関節炎で歩くことも困難になりました。納得できない気持ちは抑えきれませんが、裁判での争いはこれが限度です」。その七年後に、溝口さんは他界した。享年九二歳だった。

九・二八災害集団訴訟の和解成立

一一・九災害三池労組支援訴訟の和解から二年半後、一九八九（平成一）年一二月二〇日に福岡地方裁判所の綱脇和久裁判長は、九・二八災害集団訴訟に関する職権和解の最終案を提示した。和解金は先の一一・九災害三池労組支援訴訟に準じた。会社は、訴訟に加わらなかった第二組合員などの患者にも適用すると表明した。翌九〇（平成二）年一月二四日に和解が成立し、一七年一〇カ月に及ぶ裁判に終止符が打たれた。

こうして、三池労組が支援してきた九・二八災害上村訴訟、同集団訴訟、一一・九災害訴訟がすべて和解をもって終結した。残るは個人による一一・九災害松尾訴訟と、一一・九災害和解拒否派訴訟になった。

5　三井石炭鉱業の生産縮小

日本経済の円高移行と第七次石炭政策

裁判と並行する一九八二（昭和五七）年四月に、政府の石炭政策が第七次へ移行した。上村訴訟の二審和解から二年後にあたる。第七次は第六次と同じく、「年二〇〇〇万トン以上の生産水準達成」を指標とした。

一方で日本経済は対米輸出の好調に支えられ、景気の拡大を持続していた。貿易収支の黒字が累積し、「日米経済摩擦」という時事用語が生まれた。

摩擦解消のため、八五（昭和六〇）年九月二二日に主要五カ国蔵相・中央銀行総裁会議（G五）が開催された。そして、「ドル高是正の経済政策協調推進」で合意した。ドル高是正は必然的に円高を招く。合意二日後の九月二四日、東京外国為替市場で円が前日比一一円九〇銭という過去最高の上げ幅を記録して一ドル＝二三〇円一〇銭になった。

円高が輸出産業を直撃した。そのため日本経済は八五（昭和六〇）年一一月から八六（昭和六一）年一二月にかけ、深刻な「円高不況」に陥った。石炭業界も、円高で優位の輸入炭によって国内炭がますます苦境に追いやられるという、大きな打撃を受けた。第七次石炭政策における生産実績は目標の年二〇〇〇万トンに遠く及ばず、低迷した。

四山鉱（大牟田市四山町　1980年）

それでいて、災害はあい変わらず起きた。三井石炭鉱業は八四（昭和五九）年一月一八日に、三池炭鉱の有明鉱で坑内火災（死者八三人）を引き起こした。死者八三人は戦後四番目の大災害となる。三菱石炭鉱業においても八五（昭和六〇）年四月二八日に高島炭鉱でガス爆発（死者一一人）、五月一七日に南大夕張炭鉱でガス爆発（死者六二人）が起きた。あげくに高島炭鉱は翌八六（昭和六一）年一一月二七日に全員解雇で閉山になり、一〇五年の歴史を閉じた。

第八次石炭政策と三井石炭鉱業の合理化

「円高不況」明けの一九八七（昭和六二）年、四月に政府の石炭政策が第八次へ移行した。海外炭と競り合うことを断念し、国内炭の生産目安を従来の半分の「年一〇〇〇万トン程度」に切り下げた。一方で、貯炭を二七〇〇万トンも抱えていた。

この第八次石炭政策に対応して三井石炭鉱業は、五月一五日に合理化案を各労働組合に提示した。年一〇〇万トンの生産縮小を図り、三五〇万トン体制を保つため、①在籍人員の一割（四三〇人）を希望退職募集で削減　②能率を一五〇トンにまで引き上げ　③四山鉱を三川鉱に統合して第一鉱と称し、有明鉱を第二鉱に改称する。

第二組合と職員組合は、会社の提案を受け入れた。ついに第二組合員にも、人員整理が容赦なく及ぶことになった。誰のための平和協定なのだろうか。

三池労組は会社に対し、長期計画の明示などを求めた。しかし会社は「生産縮小が必要」との回答に終始のうえ、六月三日から六月一〇日にかけて希望退職の募集を強行した。

しかも生産縮小と人員削減は三池にとどまらず、北海道の芦別も同様の措置となり、砂川は閉山の提案となった。そして七月一四日に、砂川炭鉱が七三年の歴史を閉じた。

総評の解散と連合の発足

三井石炭鉱業の合理化が進行していた一九八七（昭和六二）年、一一月二〇日に全日本民間労働組合連合会（連合、五三九万人）が発足した。総評の民間労働組合、全日本労働総同盟（同盟、旧・全労会議）の民間労働組合、中立労連、全国産業別労働組合連合（新産別）の統合による。三池労組と第二組合の中央組織が一つになった。

さらに二年後の八九（平成一）年一一月二一日には総評の官公労働組合と同盟の官公労働組合が連合に合流し、官民統合による日本労働組合連合会（新「連合」、八〇〇万人）が発足した。そして総評と同盟が歴史を閉じた。

かつて総評は、戦後最大の炭鉱災害となった三川鉱炭塵爆発の翌年に、「抵抗なくして安全なし、安全なくして労働なし」のスローガンを掲げた。一方で同盟は従来から一貫して労使協調を路線とし、生産性向上に協力してきた。連合の発足に対する評価は、後世が判断することになる。

三井石炭鉱業の三年連続人員削減

民間結集による連合発足から官民統合による連合発足へ移行する中間の一九八八（昭和六三）年、四月二八日に三井石炭鉱業は、前年に引き続きまたも合理化案を三池労組など各組合に提示した。年三五〇万トン生産体制を三一五万トンに一割縮小する前提で、鉱員六一〇人と職員一二〇人の計七三〇人を希望退職と基準退職によって削減する。基準退職は労働協約や就業規則による定年年齢五五歳を無視し、五二歳以上を減員の対象にするもので、事実上の指名解雇になる。北海道の芦別も同様の措置が提案された。

三池労組は提案の撤回を求めて二四時間ストライキを打ち、一方の第二組合と職員組合は若干の条件上積みをもって妥結した。

さらに翌八九（平成一）年、会社は三年連続の人員削減をもくろんだ。鉱員五五〇人と職員一五〇人の計七〇〇人を希望退職募集と出向で削減し、生産規模を年二五〇万トンに縮小する。七月二六日に、各労働組合に提示した。第二組合と職員組合が応じたため会社は三池労組の反対を無視し、希望退職の募集に踏み切った。

一〇月二日、第一鉱が第二鉱に統合され、「三池鉱」の新名称による一鉱体制に移行した。一〇月末時点の鉱員総数は一四八五人となった。

バブル経済の崩壊とポスト八次石炭政策

三井石炭鉱業が縮小の一途をたどっていた一九八九（平成一）年、一二月二九日に東京証券取引所の第一部で、平均株価が史上最高の三万八九一五円をつけた。二年前に二万円を突破し、以来、市場は大いに沸いていた。一方で「地上げ」によるビルやマンションの建設ブームが起きた。株や土地の含み益による「バブル（泡）景気」の、絶頂期だった。

しかし株価は九〇（平成二）年一〇月一日に二万円割れを起こし、二七一兆円の含み益が消え去った。バブルが弾け、日本経済のその後の一〇年に及ぶ長期低迷が始まった。

バブル崩壊のもとで九二（平成四）年三月に第八次石炭政策が終了し、四月からポスト八次政策へ移行した。生産規模の数値も政策実施期間も特定せず、「九〇年代を構造調整の最終段階と位置づけ、国民経済的な役割と負担の均衡点まで国内炭生産の段階的縮小を図る」。つまり石炭産業に見切りをつける、との宣告になった。

九月二八日、三井石炭鉱業の芦別炭鉱が閉山した。かつて北海道に三山、九州に三山あった三井の炭鉱が、三池だけになった。

6　勝利判決

和解拒否派裁判と松尾訴訟の判決

石炭産業が政府から見切りを宣告された翌年、一九九三（平成五）年の三月二六日に、一一・九災害和解拒否派訴訟と松尾訴訟の判決が下された。

福岡地方裁判所の湯地紘一郎裁判長は三井鉱山の過失責任を認め、原告勝訴の判決を言い渡した。災害発生時の三川鉱第一斜坑内には「爆発を引き起こすに足る量の炭塵が堆積していたものと認められる」。従って「坑道の保存（管理）に瑕疵があったものというべく、被告は民法七一七条一項本文（土地の工作物占有者の責任）により、本件事故にもとづく損害賠償責任がある」。時効は「完成していない」、と結論づけた。

こうして、会社の責任が初めて公になった。

損害賠償の認定額は障害等級一級が五〇〇〇万円、二級四二六万円、五級二八〇〇万円、七級二二〇〇万円、九級一四〇〇万円、一二級と一四級八〇〇万円とした。

松尾訴訟の四家族に対しては、妻を除く四人に前記の等級別認定額を適用する。妻への損害賠償は、「慰謝料を請求できる程度の精神的苦痛を受けたものと認められない」として退けた。

和解拒否派はこの判決を受け入れ、被告の会社も控訴せず、判決が確定した。一方の松尾薫虹さんら四家族は妻の慰謝料を求め、裁判を続けた。しかし五年後の九八（平成一〇）年一月二二日に最高裁判所で上告棄却になり、主張は認められなかった。

三池労組の伝統継承

和解拒否派が少人数ながら会社に対する責任追及を完遂できたのは、自らの信念を曲げなかったことに尽きる。信念の貫徹は、自分との闘いでもあった。

個人の精神的弱さを補うため、原告団員で家族ぐるみの五人組を作った。くじけそうになり、裁判を投げ出したくなったとき、五人組で互いを包んだ。勇気を高め合った。五人組方式は三池闘争後の三池労組における、組織活性化の原点だった。

一方で訴訟の進め方や支援者の拡大に関しては、課題ごとに班会議で話し合いを深めた。常に現状を点検し、組織的な弱点を見つめ直し、活動の意義づけと方策を議論した。

つまり三池労組がかつて実践していた日常活動を、和解拒否派の原告三二人が積極的に踏襲した、ということになる。幹部任せの闘争を戒め、構成員による構成員のための大衆闘争を貫くという、三池労組の伝統を三二人が守った。併せて、会社に対する自らの主張の正しさを協定不調印で貫くという、三池労組の闘争理念を和解拒否で継承した。

そして勝利判決を引き出し、会社の責任を天下に知らしめた。

しかし会社は、謝罪を拒んだ。謝罪は精神的な償いの必須条件であり、あいまいにすると社会の規範が崩れていく。沖克太郎さんたちの、謝罪を求める会社交渉が始まった。二〇一〇（平成二一）年四月までに六三回を数えた。さらに続く。

7 閉山

三池炭鉱一二四年の歴史に幕

バブル崩壊による深刻な不況が長引く中、一九九六（平成八）年に電力業界は翌年度以降の国内炭の炭価引き下げと引き取り数量の削減を求め、政府との交渉を活発に進めた。国内炭の価格は輸入炭の三倍を超えていた。ポスト八次石炭政策で石炭産業への見切りを宣告済みの政府は、電力業界の要求に応じることにした。

こうして石炭業界は、国内炭の最後の需要先から突き放された。

翌九七（平成九）年二月一七日、三井石炭鉱業は第二組合（九一七人）と職員組合（一七五人）ならびに三池労組（一五人、芳川勝組合長）に対し、全員解雇による三池炭鉱の三月三〇日閉山を申し入れた。

第二組合と職員組合が同意した。三池労組は、一五人で逆らっても道は開けないと結論づけた。退職手当に付加する特別加給金や慰労金などの交渉を会社と進め、三月一九日に閉山協定を締結した。一方で、CO協定が破棄になった。

三月三〇日午前六時過ぎ、三番方のおよそ一八〇人が昇坑し、国内最大の三池炭鉱が官営から一二四年の歴史を閉じた。明治時代の民営以来、会社が手綱を緩めることなく延々と続けてきた合理化が、全員解雇で完結した。

最盛期に八六〇余りを数えた日本の炭鉱は三池炭鉱の閉山後、長崎県の松島炭鉱池島鉱業所と北海道の太平洋炭鉱釧路鉱業所の二鉱だけになった。その後、松島炭鉱は二〇〇一（平成一三）年一一月二九日に、太平洋炭鉱も翌〇二（平成一四）年一月三〇日に閉山された。日本の炭鉱がすべて消滅となる。三池炭鉱の埋蔵量は、この先さらに一〇〇年間の採炭が可能、と推定されていた。

労働者の誇り

三池炭鉱の閉山に伴い、三池労組の一五人が閉山の日に解雇された。

最後の一五人という人数は、鉱員総数が減少する中での相対的な数なので、さしたる意味はない。むしろ三池闘争後から閉山に至る三七年間において、毎年何十人と定年退職していくそれぞれが、三池労組員としての誇りを定年まで守り続けたことに大きな意義がある。金で心を汚さない。仲間を信じ、固くスクラムを組む。定年退職者の、延べ何千人もの労働者魂が揺るぎなく存在した。そして妻たちがいた。

そのため会社は、三池争議後に差別と組織介入を徹底したものの、三池労組を壊滅させることができなかった。

しかも会社は福岡地方労働委員会から、三池労組に対する不当労働行為で一九六四（昭和三九）年八月三一日に二つの謝罪命令を受けた。その一つは三池闘争中の三池労組分裂工作に関するもので、次の陳謝文を三池労組に提出するよう命じられた。

三井鉱山株式会社は、三池鉱業所所属の副長等会社の利益を代表する者を三池炭鉱労働組合所属の組合員の集会に出席させ、組合内の批判分子を鼓舞激励する等の方法で、組合運営に支配介入したことについて陳謝します。

三池労組が分裂三日前の六〇（昭和三五）年三月一二日に救済の申し立てをして以来、四年五カ月を経ての命令となった。

一方で三池労組のこの救済申請から四カ月後の六〇（昭和三五）年七月七日に、「三池争議の運命を賭ける」ホッパー第二次仮処分の決定が福岡地方裁判所によってなされたことはすでに述べた。その際、事前に組合側弁護団が第二組合結成の違法性に関する準備書面を提出したにもかかわらず、裁判長は「確たる疎明資料がない」として組合側の主張を退けた。裁判長の判断は偏りなく、公正だったのだろうか。

福岡地労委のもう一つの命令は三池争議後の三池労組への組織介入に関するもので、次の陳謝文の提出を会社に命じた。

三井鉱山株式会社は、三池鉱業所所属の係長・主席係員・係員等が三池炭鉱労働組合員に対し、組合から脱退するよう勧説して組合の運営に支配介入したことについて陳謝します。

本件も、六一（昭和三六）年一一月八日の救済申し立てから二年九カ月が過ぎていた。

歴史の検証における仮定の挿入は無意味だとしても、この二つの命令が四年五カ月あるいは二年九カ月を経ることなく速やかに下されていたならば、三川鉱の炭塵爆発による四五八人の死と八三九人の一酸化炭素ガス中毒は生じなかったに違いない。

この命令に関し、第一命令書で自身の結成が問題視された第二組合は、福岡地労委に抗議した。第二命令書で会社の不当労働行為に加担したと断定された職員組合も、バスを仕立てて福岡地労委へ抗議に行った。労働者としてのあり様を問う、命令書になった。

一方で第二組合は、三池労組の切り崩しを使命としたにもかかわらず、出してはならない三池労組への転籍者を六人も出した。

転籍の最初は六五（昭和四〇）年一二月一七日で、宮浦鉱の第二組合員一人が第二組合を脱退し、三池労組に加入した。三池闘争中に分裂して以来、初めての加入となる。その組合員はこう言った。「一〇月以降は仕事がきつくなり、会社が社宅を回って出勤を強要するようになりました。こんなことになると三池労組がいなければどんなことになるかわからないし、新労組合員のうち三分の二は三池労組に帰りたいと思っているのではないか」。

この時期、三池では従来に増して労働強化が進行していた。三人による作業を二人にし、事務部門から坑内労働への強制配転も行なった。各人が坑内に持ち込む弁当にも注文をつけた。弁当箱だと両手を使うので握飯にし、片手で食べながらもう一方の手で作業を続けるようにと職制が指示した。第三次再建策で一斉一時間休憩が廃止され、休憩は係員の指示に従うことになっていた。協定に不調印の三池労組の組合員は、休憩所で一時間の休憩を取った。第二組合員は握飯を手に、休憩なしで働かされた。

そのような職場実態のもとで右記のように、第二組合員の転籍が起きた。三池労組二七〇〇人に対し、第二組合は七六〇〇人を擁していた。一人の組織変更は数のうえで微々たるものながら、三池労組への加入に伴って会社から受ける差別を覚悟した勇気と、三池労組に対する信頼度は、七六〇〇分の一では決してない。第二組合幹部は、脱退した組合員の連れ戻しに躍起となった。

さらに翌六六（昭和四一）年、一酸化炭素ガス中毒患者への労災補償打ち切りをめぐる三審制度が成立した三日後の一一月二七日に、第二組合員二人が第二組合を脱退し、三池労組に加入した。加入の動機をこう語った。「職場で三池労組の正しい闘いを目で見、耳で聞いて確かめ、多くの意見をもらった。CO闘争もみなさんの闘いのおかげで元の線に戻った」。

続いて翌六七（昭和四二）年一二月二四日にも三人が第二組合を脱退し、三池労組に加入した。これで合計六人になった。次の年の第四次合理化時にはすでに述べたように、三池労組のアンケートに回答した第二組合員の全員が三池労組のビラや掲示を読み、全員が三池労組の話を聞きたいと思っていた。

島文枝さんの言葉が重なる。「賃金だけが暮らしじゃなか。やっぱ権利がなけりゃ、働かれんよ」。

時代が下った今、世間では非正規労働者が無権利のまま放置されている。

三池労組解散

閉山後、第二組合と職員組合は日を置かずに解散した。三池労組は解雇された組合員の再就職と住宅確保のため、存在し続けた。組合史の発行による歴史の跡づけにも努めた。そして閉山から八年後の二〇〇五（平成一七）年四月一〇日に、三池労組は解散した。

解散にあたり、まずは三川鉱炭塵爆発などを含む戦後の殉職者一〇〇〇余人に対し、黙祷を捧げた。組合歌「炭掘る仲間」を涙とともに歌った。最後に返魂式で、組合旗を燃やした。三池炭鉱労働組合の魂が、天に昇って行った。

そのゆらめく炎に重なって、高椋龍生さんの詩「かあちゃんが目に角立てて言う」が浮かんでくる。

かあちゃんが
目に角立てて言う
なんも悪かこつぁしとらんとに
まじめに働くおっどんばかり
なし　こげん　きつか目あわんなんとじゃろ

罰被るおぼえはいっちょんなか

ほんなこて
三井が
第二組合が憎か

ほんなこつ
ほんなこつ
なん悪かこつも
罰被るごたるこつもしとらん

なんち言うたっちゃ
なんもせんもんばさべつしたり
合建てしたりして
いじめぬき
つくりたてなかまば首切るちゃー
なんちいうこつか
そりが人間のするこつか

なんにもわからんもんば欺しすかし
おだてにのせてこきつこうて
ボロ儲けしよる奴どんと
グルになって甘い汁ば吸いよる
第二組合の幹部がいちばんにくたらしか
人間ば
平気で殺してなんでも思わん
いっぺん
そん奴どんば
こんてのひらで握り潰してやろごつある
おっどま奴隷じゃなかつバイ
人間らしゅう生きろでちしよる
おっどんのどこの悪かこつのあるな
なかろうが
おっどま　人間バイ
人なみ見たり着たり
長生きしゆうごつあるくさい

その　どこんまちごうとっていうな
いっちょん
まちごうとらんめが

おっどんが
人間ち　いうこつばみとめろて言うとが
「みいけ」の闘いタイ
そりばみとめんかぎり
おっどんが闘いはつづくとバイ

そうじゃろが
そうよ
そげんタイ

かあちゃんが
目に角立てて言うこつもわかる

ほんとうの敵ば

ほんとうの敵ば
火を噴くこの目で焼きつくすまで
人間ば叫びつづくるぞ

天に昇った三池労組の魂から、こだまのように叫びが続く。非情な資本主義のもとで人間らしさを一途に求める——それが三池労組の歴史だった。

■参考文献（引用を含む）

・『みいけ十年』三池炭鉱労働組合十年史編纂委員会編、同労組発行
・『みいけ20年』三池炭鉱労働組合編、労働旬報社発行
・『三池炭鉱労働組合機関紙みいけ』三池炭鉱労働組合発行
・『生命を守る反合理化闘争　三池からの報告』三池炭鉱労働組合発行
・『写真集三池』麦書房発行
・『「三池闘争」の記録　三池闘争二五周年記念出版』三池炭鉱労働組合発行
・『三池主婦会二〇年』三池炭鉱主婦会編、労働大学発行
・『三池主婦会二五周年記念文集』三池主婦会発行
・『炭労四十年史』日本炭鉱労働組合発行
・『炭労　激闘あの日あの時』日本炭鉱労働組合発行
・『総評二〇年史』労働旬報社発行
・『三池労働者と共に　宮川睦男の生涯』宮川睦男を偲ぶ会編、労働教育センター発行
・『あのとき私は』三池を闘った私たちの記録刊行委員会編、労働教育センター発行
・『三池閉山』毎日新聞西部本社編、葦書房発行
・『資料「三池争議」』三井鉱山株式会社編著、日本経営者団体連盟弘報部発行
・『石蕗の花が咲きました』高椋龍生著、労働大学発行
・『戦後50年その時日本は　第二巻』NHK取材班著、日本放送出版協会発行
・『みいけ炭鉱夫』山根房光著、労働大学発行
・『わが三池闘争記』太田薫著、労働教育センター発行

・『三池闘争』塚元敦義著、労働大学発行
・『三池と私』向坂逸郎著、労働大学発行
・『三池闘争と教育』古賀藤久著、労働大学発行
・『三池炭鉱』森弘太・原田正純著、日本放送出版協会発行
・『炭塵爆発』原田正純著、日本評論社発行
・『三井地獄からはい上がれ』増子義久著、現代史出版会発行
・『三池CO闘争の報告』三池CO現地共闘会議発行
・『三池炭鉱史』上妻幸英著、教育社発行
・『大牟田市史　中巻』同編纂委員会編、大牟田市発行
・『口之津町史　郷土の歩み』白石正秀編、口之津町発行
・『日本社会党の三十年』月刊社会党編集部編、日本社会党中央本部機関紙局発行
・『殖産興業』田村貞雄著、教育社発行
・『石炭業界』矢田俊文著、教育社発行
・『筑豊』永末十四雄著、日本放送出版協会発行
・『自序益田孝翁伝』長井実編、中央公論社発行
・『男爵団琢磨傳』故団男爵伝記編纂委員会編、同委員会発行
・『六〇年安保・三池闘争一九五七 - 一九六〇』毎日新聞社発行
・『近代日本総合年表　第三巻』岩波書店発行
・『昭和　全一九巻』講談社発行
・『朝日新聞』朝日新聞社発行

・『西日本新聞』西日本新聞社
・『熊本日日新聞』熊本日々新聞社
・『南日本新聞』連載「与論島移住史　ユンヌの砂」全国与論会編集発行
・福岡大学研究所報第三九号抜粋「三池炭鉱の囚人労働」本吉敬治・小崎文人著
・月刊誌『月間労働問題』日本評論社発行、一九八〇年一〇月号
・月刊誌『いのち』日本労働者安全センター発行六四号、六六号、七二号
・週刊誌『朝日ジャーナル』朝日新聞社発行、一九六〇年七月三日号
・週刊誌『週刊朝日』朝日新聞社発行、一九六〇年六月五日号、七月三日号
・『値段の明治・大正・昭和風俗史　上、下』週刊朝日編、朝日新聞社発行

■写真提供
・三池炭鉱労働組合（一九八〇年）
・大牟田市石炭産業科学館

（順不動）

あとがき

二〇〇八年二月二六日に、大牟田市を訪れた。三度目になる。冷たい雨が強い風を伴い降っていた。囚徒墓の角柱が横殴りの雨に打たれて埃を洗い流され、艶めき、囚人たちが恵みの雨を喜んでいるかのように見えた。

一方で、閉山から一〇年余りが経った大牟田と荒尾の市街地周辺では、草ぼうぼうの広大な土地があちこちで目についた。三池炭鉱の労働者が住んでいた、社宅の跡だ。三池闘争時には、社宅の名称が主なものだけでも三九あった。鉱員用は棟割長屋の木造二階建てもしくは平屋造りで、一つの地区に何十棟と並んでいた。それらのすべてが解体され、そこに住んでいた人たちの暮らしの証とぬくもりが消し去られた。長く伸びた一面の草々が雨に打たれてしな垂れ、悲しみを誘う。

無言の社宅跡を見つめ、かつて会った人たちを思い浮かべながら、本書の執筆を決めた。官営時代の囚人使役に始まる経営側の労務管理思想と施策、ならびに政府による体制的合理化を縦軸に、労働者の悲哀と闘いを横軸にした。二〇一〇年に三池闘争五〇年の節目を迎えることも、執筆の動機になった。

三池闘争ののち、三池労組の組合員は不屈と忍耐の日々を重ねてきた。不屈が労働者の生きざまをいぶし銀にし、労働者魂をたくましくする。本文の末尾で引用した高椋龍生さんの詩の中の、「人間ち　いうこつばみとめろて言うとが　『みいけ』の闘いタイ」が、三池の労働者魂だ。人間らしさの追求は労働組合が最も基本にしなければならないと、三池労組の歴史が語る。

労働者をないがしろにする合理化は三池に限らず、時代や産業を越えて普遍的に存在する。「過労死」が社会問題になって久しい。「フリーター」「非正規社員」「名ばかり管理職」「派遣切り」「雇い止め」「ワーキングプア」「新卒切り」……、そんな時事用語が続いた。負の現象ばかりだ。労働者の存在が軽い。圧倒的多数の労働者が未組織で、身を守る術を持たない。バブル経済の崩壊以降、労働情勢は戦後最悪に陥った。二割に満たない組織率のもとで、労働団体の存在意義が問われれている。

ささやかながら本書を通じて、三池の労働者と妻たちの不屈の信念が今を生きる労働者への勇気となり、労働組合の元気回復に役立つことができればさいわいに思う。そして「過労死」が死語になることを、願ってやまない。

出版にあたり、社会評論社から力強いご支援をいただいた。大牟田市石炭産業科学館からは写真提供の便宜を賜わった。厚く感謝を申し上げる。

二〇一〇年五月

真鍋禎男

真鍋禎男（まなべ　さだお）
1943年　大分県大分市で出生
1962年　大分県立大分工業高校卒業
同　年　三菱電機株式会社入社
1972年　三菱電機労働組合支部専従役員に就任
1982年　フリーのルポライターとして独立
著　書『風に向かう人たち』（総合労働研究所）
『遠くきらめく星ふたつ』（汐文社）
『岸本おじさんの冒険』（汐文社）
『伊丹郷町物語』（兵庫県伊丹市）

不屈と誇り　三池炭鉱労働者

2010年７月30日　初版第１刷発行

著　者：真鍋禎男
装　幀：桑谷速人
発行人：松田健二
発行所：株式会社 社会評論社
東京都文京区本郷2-3-10　☎ 03(3814)3861　FAX 03(3818)2808
http://www.shahyo.com/
印刷・製本：株式会社 ミツワ